她从聊斋来

北京上河卓远文化传播有限公司　出品

# 她从聊斋来

蔡小容 著

河南大学出版社
HENAN UNIVERSITY PRESS

**图书在版编目(CIP)数据**

她从聊斋来 / 蔡小容著 . —郑州：河南大学出版社, 2015.11
ISBN 978-7-5649-2085-2

Ⅰ.①她… Ⅱ.①蔡… Ⅲ.①随笔-作品集-中国-当代 Ⅳ.①I267.1

中国版本图书馆CIP数据核字（2015）第182638号

### 她从聊斋来

| | |
|---|---|
| 著　　者 | 蔡小容 |
| 责任编辑 | 谭　笑 |
| 封面设计 | 周伟伟 |

| | |
|---|---|
| 出　　版 | 河南大学出版社 |
| 地　　址 | 郑州市郑东新区商务外环中华大厦2401号　邮编：450046 |
| 电　　话 | 0371-86059701（营销部）　网址：www.hupress.com |
| 制　　作 | 北京大观世纪文化传播有限公司 |
| 印　　刷 | 河南省瑞光印务股份有限公司 |
| 版　　次 | 2015年11月第1版　　印　次　2015年11月第1次印刷 |
| 开　　本 | 787mm×1092mm　1/32　印　张　9.25 |
| 字　　数 | 167千字　　　　　　　　　定　价　58.00元 |

版权所有，侵权必究

（本书如有印装质量问题，请与河南大学出版社营销部联系调换）

# 目录

1　　自序：赋得惜春词

1　　画皮之鬼

10　　王者之尊

19　　琴心·幽魂

28　　君生我未生

34　　愿在衣而为领

41　　一点胭脂红

52　　有核好种梨

60　　天上有蟠桃

67　　老神仙，自砍柴

73　　有狐绥绥

83　　小翠是狐仙

| | |
|---|---|
| 91 | 媚与娇 |
| 97 | 情魔之劫 |
| 103 | 阿绣家的杂货铺 |
| 110 | 狐狸都姓胡 |
| 116 | 前世也非假 |
| 124 | 以其人之道 |
| 131 | 细柳英姿 |
| 139 | 谁家的经好念 |
| 146 | 不战而屈人之兵 |
| 152 | 独　行 |
| 158 | 一饭之恩 |
| 164 | 石点头 |
| 171 | 子非鱼 |
| 183 | 汉皋解佩 |
| 190 | 人生若只如初见 |
| 197 | 凡尘·神界 |
| 203 | 百年大梦 |
| 210 | 计白当黑 |

218　梦里不知身是客

225　错位的心

231　猎人记

239　最后一只鹌鹑

245　金瓴缺

251　扇面上的梦境

262　人间女子


273　附录　本书插图资料一览

# 自序：赋得惜春词

十多年前，我还在写一些小文章的时候，写过一篇《惜余春词》。词是这首，出自《聊斋志异·宦娘》：

> 因恨成痴，转思作想，日日为情颠倒。海棠带醉，杨柳伤春，同是一般怀抱。甚得新愁旧愁，划尽还生，便如青草。自别离，只在奈何天里，度将昏晓。今日个蹙损春山，望穿秋水，道弃已拼弃了！芳衾妒梦，玉漏惊魂，要睡何能睡好？漫说长宵似年，侬视一年，比更犹少：过三更已是三年，更有何人不老！

我是十一二岁时读到它的。官宦人家的女儿良工，在庭园里捡到一幅旧笺，上面写着这首《惜余春词》。她吟咏再三，十分喜爱，就用锦笺工工整整地抄录了一遍。抄罢，置于案头，却不见了。先前曾来求亲未准的书生温如春，有

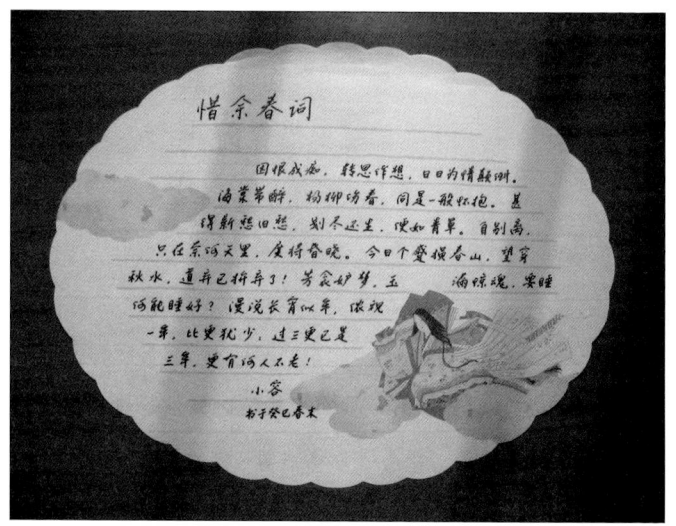

作者手抄《惜余春词》。

一天正在花畦边发呆,风吹来了这首词。他反复披读,不知它从哪里来,是谁写的。题目中有个"春"字,是写给他的吗?他感到疑惑。

这首词,我也爱极。默读成诵,多年来它一直在我心里,不思量,自难忘。我也像良工一样,用我收藏的精致信笺纸,把它抄了一遍。我写它,写什么呢?不足千字的一篇短文,不过是赏析、抒怀。那些年我很爱写东西,可不知道应该写些什么才对,并且总担心自己写不下去。

从前我读的是《白话聊斋》,那种深蓝色封面的"刘刊本",上下两册,它的一纸风行在80年代初。译成白话文，《聊斋》故事孩子都能看懂意思，先囫囵吞了，有些不懂的地方，由孩子去调动他的想象力，还别有效果。我记得少儿不宜的《金生色》中有个细节，夜里，金妻的相好来了，"两人正在缠绵"，什么叫"缠绵"？我以为是缠毛线团那样的活计，两人一个牵线，一个绕线团，配合默契，情意绵绵。造成我这种想象的除了日常生活所见，还有《梅女》的另一个细节：梅女与封云亭长夜无事，就对坐挑线绷玩儿。那是我们也会玩的游戏：一根线绳，打个结，成一个圈，两只手掌撑开它，靠着不同手指的勾和挑，架出层层交错的立体造型，呈给另一个人，他再用手指翻挑到他的手上去，变成另一种花样。这两篇《聊斋》小说给我这样一个概念：一对男女两相亲爱，他俩在绸缪的夜里要么就绕线团，"缠一种绵"；要么就挑线绷，进行一种灵巧而益智的文体活动。——莞尔，幼年时期的荒谬想象，是可贵的，因为长大以后只剩下常规思维了。

少时我与《聊斋》盘桓了两三年，除了家中的"刘刊本"，其他渐次出现的选本也都找来看，还有连环画之类，凡有新读到的篇目，我就抄在"刘刊本"的目录旁边。渐渐看得差不多，也就搁下了。这个"差不多"，其实还差太多，实际上是初识中国语文的人用《聊斋》做了阅读材料，深入的理解还留待以后。有些书读早了，希望不会反而导致错过——比如把《西游记》当作儿童读物打发了——希望它如一粒种子,早早播下,等待日后的生发。

二十岁,我开始写文章,同时开始逐步扩展的文学阅读。在我若干年的阅读书单中,并没有《聊斋志异》。我以为我看过了,而距离真正地读它还有数年的路程。它在那里等我,也可以说从未离开我,因为它早早就陪我一起长大了。就如陪我一起长大的小人书一样,我为它们写了一本《小麦的小人书》,又名《浮生旧梦说连环》。

四十岁那年,有位素未谋面的朋友,在给我的书评里写了这么一句:"我想,蔡小容或可写本关于《聊斋志异》的小书,那会比《小麦的小人书》更好看。"一语点醒,我还没想到呢,一听也觉得非常合适。就像演员碰上合适的角色不易,写作者找到合适的题材也不易。有的书像我,气息谐合。那些旧街陋巷里来的小人书是我的,《聊斋》也有些像我,应该说我像它吧,然而已经有太多的人写它了,我凭什么把它写成一本我的书呢?

不是说写就能写,还得等。等我做好准备,等到一切的内因外因都凑齐。

2013年,一个因由启动了。广州有家《新快报》,从年初开始连载《小麦的小人书》,每周一期,每期一整版,在他们的"大道·文化副刊"上。我知道这件事的时候,报纸已经出刊若干期了,《小麦的小人书》自问世以来,各方反应不少,但如此大规模的绍介还是第一次。到三月份,报纸编辑来联系我,我也就在这时开始写《聊斋》,于是,在"小人书"之后,继之以"聊斋",版式相似,同而不同,自然而然。他们还策划了一个访谈,评介作者及文章:"这或许是你不可错过的专栏。我们不想做一个常规化专栏:用流行话题,找大红写手,写热门文章。我们要的,正好是她那一点'芫荽'式的气味……世界上总需要有一个角落,保住这些有价值的书写。"

微渺不合众的我,上哪儿找这个机缘,无端得到千里之外的一家报纸如此隆重的赏识。写吧!我正想写。刚开始写这个系列的时候,灵感真如泉水,这一篇还在写,下几篇已在往外冒,汩汩而出,简直有热气,是活的!《胭脂》《阿宝》《娇娜》《画皮》《王者》《葛巾》……它们沿着我心情的走向,一路逶迤,而蒲松龄是如此地要一奉十,我需要的,他都有。除了蒲松龄,其他我在四十年人生路上因缘际会遭逢的一切,也都纷披而来,汇聚一处,奔腾,涌流……

写《宦娘》,必然要写到《惜余春词》,这一段就直接从我2001年的那篇旧文中移植而来:

> 这首词是放荡的吗?我却只觉得美。好一句"日

日为情颠倒",好一句"道弃已拼弃了",难为"她"这么大胆,它的琅妙的音韵:ao字韵有种不顾一切的纵情、放任、拼却与决绝——倒、抱、草、晓、了、好、少、老!真是艳,抵死缠绵,一厢自顾沉迷在有情天里。

几乎一字未易。由此我看到了这十多年间我走过的文字旅程:从前,我的文字不乏珠玉,但其格局的小、器量的窄,使得那些文章只像一片一片的琉璃瓦,没能盖成一座华厦。它们散佚了,我也不可惜。经过了十多年历练,我有了构筑屋厦的能力。从前我只能写《惜余春词》这样的小篇什,如今,整本的《聊斋志异》都能为我所用,任取所需。

而我写的这一整本说《聊斋》的书,其主旨可能仍是从前写《惜余春词》之表意的扩展:

> ……我倒真想把它送给什么人,但却无人可送。这张纸是一片难寄的情怀。它的对象应是并非朝暮相对的、因有越不过的阻力而时时充满离愁别恨的、惆怅的……总之,要得不到和不可能,此情怀方可盛装。就算有这样一个人,还得要他能懂,否则也是明珠暗投。我想现在没有什么人能当得起这样一

首词。它只能给一个虚拟的对象——就连良工抄它的时候,也并没有想到要给温如春呢。女人的情怀,说到底是独自咂摸滋味罢了。

《聊斋志异·宦娘》中的那首《惜余春词》,当然是蒲松龄写的。他就从他自己的诗词中拿来这首,用在小说里,托言是宦娘所写。蒲氏一生中写了许多诗词,据学者考证,其中多首都与他暗恋的一位女子有关,那女子姓甚名谁,身份生平,都很确凿。而同样确凿的事实是,蒲松龄是一位乡间穷塾师,他守着他的糟糠之妻过了数十年,他把他的人生和爱情分得很清。那么,他暗恋的女子,与她本人无关地存在于他的想象中,并进入他的小说,化身为他笔下的百媚千娇,既磊磊落落,又杳杳漠漠。

爱情本是可望不可即的。一旦接近或得到,它就变了,具体替换了抽象,阻断了想象,故尔,暗恋可能是爱情的最佳形式。因为无法实现或无意实现,它使人的情怀得到了完整的保全。或许,爱情就只是一种情怀而已?

情怀难寄,不知向谁说。向谁说都是不对的,最好是向着虚空说。如古代一位寂寞的宫女,在给边关兵士缝制的棉衣里藏进一首自己写的诗:"……战袍经手作,知落阿谁边?蓄意多添线,含情更著绵……"也如齐豫在英文歌里唱的："Whoever finds this, I love you…"——谁捡到这张纸条，我爱你。诗与纸条，她们都不知会落到谁手中，正因为不知，才是正中下怀、不须避忌的虚空。不是为了谁，只为了自己的情怀，万种风情无地着，需要说，需要写。

那就写吧。写文章能使自己停留在虚空的境界中，就好比是独自挑线绷，一个人绕线团，"缠一种绵"。外在无形，内心精骛八极。我好像跟随我写下的文字，走过了千山万水，其实我哪儿也没去，我只是坐在电脑前写文章。

2013年，我与《新快报》的编辑一起，无比投入地做出了45期专栏。写，是顺乎自己的心情，先哪篇再哪篇，而专栏如何排列，怎么配图，我也好有一番琢磨。系列文章应该怎么曲折多变，一时情爱，一时惊骇，一时谐趣，一时缱绻，内中有我调控的呼吸与节奏。我每天在家摆阵：须浓淡相宜、张弛有度，又要照应自己的心情，有时还兼顾节令。感谢《新快报》副刊部的编辑王春燕、陈思呈，她们与我心意相通，配合默契，我每周发去文与图，由她们制作成报纸版面，她们做的版实在太美，太雅致了，版式设计也是她们殚精竭虑的心血之作。作为报纸专栏，它们是完美的，堪称艺术品，让我爱不释手，难以割舍。

"聊斋"写到一大半时，我整理出五万字，投给《读库》。由此就引出关于图片的问题。延续"小人书"的风格，我仍然用连环画来做文章的配图，"聊斋"题材的连环画版本众多，我从网上四处搜索、甄选、下载，但要刊用，下载的图片像素都不够。《读库》的办刊作风，一向是精益求精，尤其制图考究，主编张立宪让我列出这些连环画的书目，说他来想办法，然后他去借到了一批书。"聊斋"在《读库》准备和待用的同时，《小麦的小人书》也正由北京上河卓远文化公司重新设计，精心打造，再版为《浮生旧梦说连环》。在这几个月的时间里，几位连友——山东的韩京安、辽宁的关长青以及北京的飞鸿，鼎力相助，帮忙找"连环"、"聊斋"两个系列的连环画书。各处的书，汇聚到《读库》，由《读库》的编辑扫描、修图、制作。我那组文章题为《我自聊斋来》，刊出在《读库1405》，刊出的时间，恰好也是《浮生旧梦说连环》出厂的时间，正是"两个铁球同时着地"！2014年11月中，《连环》与《读库》如两匹骏马，同时从北京出发，往我这里奔来，并且互相朝对方奔去——事情竟然如此完美呵！比设计的还精确，理想。它们本来就该在一起，这个完美的交汇，是不是从一开始就命定的彼此奔向。

两本书，同样多的字数，《连环》我写了两年，《聊斋》只写了十个月。但也许实际花的时间差不多，因为写《连环》的那两年我很少有时间坐到电脑前去,而写《聊斋》我是有时间就坐到电脑前去。《连环》写得轻松自如,几乎每篇都是一挥而就;《聊斋》则较沉重,词斟句酌,反复修改,总觉得不够好。前者凭的是情趣,后者则有巨大的激情推动。写完后两相比较,我似乎觉得还是前者好一些,一气呵成且整体结构、节奏极佳,写到结尾处还保持着向前奔的状态;后者虽较前者深入、深刻,但它既让我意识到自己的潜力,又让我意识到自己的局限,到最后,我好像写到了极限,再多写一篇都不可能了。

戏散了,我转身下场。这批文章是个标记,记载下我在2013年的文字水准线。如今,书终于要出版了,依然是交给上河卓远,跟《浮生旧梦说连环》众望所归地出成一套。书在这里了,我则要继续往前走,且看前路上还会碰到什么新题目吧。

2015 年 5 月 9 — 22 日

# 画皮之鬼

《聊斋志异》中的鬼,都是不吓人的,只除了一篇《画皮》。篇中鬼的形象正符合民间认识:青面獠牙,害人,挖心。直接看到这么个鬼又还好些,但它是先以一个美艳女子的形象出现,后来才揭示那原来是一张人皮,多可怕!仅此一篇,"画皮"就成了中文的典故,这就叫才力。

《画皮》的故事我们从小就熟悉了。《聊斋》连环画有多种版本,山东版的画风都是工笔画,《画皮》一册,是项维仁先生所绘。项先生擅画仕女,风格唯美隽逸,他自己的面相也丰神俊美,由此你可知,那些画美人的男子,他们自己往往就是美人,他们的画是一面窥视自己的镜子。项维仁画的女子,腰身都非常细巧,纤腰一搦,这是他对女性美的观念?他画过那么多美丽的仕女,幽娴贞静、纯洁天真,一个妖艳诡异的女鬼由他的同一支笔画出来,能构成多大反差?《画皮》封面上的女子,正揽镜自照,艳美的脸,似含有一种毒，眼神叵测，她刘海与鬓角的发丝呈波浪形弯钩，加剧了这一印象。她身后，烟雾半掩，显出一个鬼的形状，是那种头顶分开两岔、形成两个尖角的最狰狞样子，血盆大口张开，眼睛似铜铃，得意忘形。鬼拿着画笔，眼前的女子，是他刚刚完成的造型。这个鬼倒是会画画！当然，他与她都是项先生画出来的。多个版本的《画皮》，以项维仁的山东版较为出众，绘制工细，构思与构图都十分讲究。有的版本，画美女尚可，那个鬼却画不出来，虽说"画鬼容易画人难"是一条常规。1955年，国画大师程十发先生以传统水墨技法创作《画皮》，为一代名作，惜乎原稿已失，市面上仅存的旧书都成为绝版。

这个故事中最恐怖的场面，即是王生隔窗看到的画皮一幕："蹑足而窗窥之，见一狞鬼，面翠色，齿巉巉如锯，铺人皮于榻上，执彩笔而绘之。已而掷笔，举皮如振衣状，披于身，遂化为女子。"我幼时曾看到一幅破案故事的插图，画的是一张骇然的人脸，而不是那个恐怖情节，我觉得好怕人——究竟发生了什么，把人吓成这样？从此我得出结论，最可怕的画面，是"极度惊骇的人脸"，它把想象空间留给你了。但是画《画皮》，厉鬼画皮的一幕是必须要画出来的，那么隔窗窥看的王生的神态就应省略，若两端都画，则嫌太满。反正你大可想象王生的感受：她是鬼！这些天来她日夜

画完了,格格地笑起来。把人皮往身上一披,马上变成了那个从路上带回来的美丽少女。
《画皮》,蒲松龄原著,程十发编绘,上海人民美术出版社,1956年。

缠着他，他与她干了那么多……原来是与鬼交媾，直把人吓得心胆俱裂。项维仁的下一幅画得更出色：鬼画毕，把笔架在耳上，拎起"她"的两袖抖了抖，美女的身子还像个人的正常形态，而从脖颈起则后折，美女的脸向后倒仰着，还那么妩媚。

蒲松龄的妖异的笔，成为后世恐怖电影的源泉之一。真奇怪，为什么恐怖片会那么有市场？道理大约仿佛于鬼故事，越怕越要听，人性深处，潜伏着对黑暗、阴影、残酷与受虐的渴望，听，而自己躲在安全处。其实也常常没处躲了，被拉了进去，听过鬼故事之后若遇上独自在家的黑夜，多么不幸，风声鹤唳，草木皆兵，一寸寸度不过去的光阴。我觉得被伤到了，听那种故事使我受了一种伤，需要时间修复。我不愿折磨自己，尽量避免去听、去看，于是我的口味，逐渐被控制在健康、温情、唯美的范围内，这于我有好处，也有不好处，我写的作品，可能抵达不了人性的某些层面，成为局限。那些丑的、恶的、畸形的东西，究竟该不该要呢？亨利·詹姆斯评论爱伦·坡，他说："对坡的爱好是一个人精神上处于蛮荒状态的标志。"后世公认爱伦·坡的作品是艺术了，不过，我仍然相信，不必恶之花，人也可以做艺术家。

香港1965年拍摄的电影《画皮》，70年代末内地引进了。大人们说，小孩子不能看，太吓人了。怎么个吓人法呢？以

魔鬼描绘完了,放下彩笔,拿起画好的人皮抖了抖,好像是在拾掇衣裳一样。
《画皮》,蒲松龄原著,张峻声改编,项维仁绘画,山东人民出版社,1980年。

王生三步并作两步,追了过去,回头一看,却是一个非常美貌的少女。(程十发绘)

我对情节的了解，想不过是画皮、挖心吧，说破了，吓人有限。我至今未看过这部影片，据看过的人描述，是这样的：夜，书生睡觉了。女鬼沿着走廊走向房门——镜头是从屋内拍摄的，可以看见女鬼的影子映在窗户上，一直走到门口，门开，她慢慢走到床边……的确吓人，那种阴森恐怖的气氛。传闻有人被这电影吓死了。

现在来判断，大人说小孩不能看，可能还意指关乎男女的那些少儿不宜的元素。那个年代，片中美艳女鬼的媚术，对成年观众也未尝不是启蒙，他们在观看的过程中，或许品尝到了隐秘的欢乐。扮演女鬼的演员朱虹，非常美丽，我们在《屈原》、《审妻》中都见过她，她在这部电影中则是非常之艳丽：瓜子脸、柳叶眉、丹凤眼、樱桃口，全都达到了最标致的顶点。她与王生在书房，准备就寝。她褪去白衣，只着淡绿色便衣，露出雪白修长的脖颈，回过头来——啊，诱惑啊诱惑。有一幅最常见的剧照，是她躲在帷幕后，发现了她的王生的妻子，心存疑惑，正指着她，王生站在其后不知所措。此时她正对着观众，美貌绝伦，并无邪气，而这幅剧照有一种神秘的氛围，我小时就看到过，现在才知，原来这就是《画皮》。另一幅剧照是她的特写，她美丽的容貌、微笑的神态上，不知哪里带着点莫测，看了觉得可怕，应是影片的恐怖浸染到了她的脸上。这张脸，演员自己看了，会不会也觉得怕，从而憎恶起来？那么对她实在是伤害。可惜如此的美貌被损伤了，它却不是一张可以卸掉的画皮。

读原著，人们都同情王生的妻子，自始至终，她多么委屈！她没有任何过错，却承受了所有的罪与罚。丈夫带个女子来家同居，她好言相劝，反被疑为妒，难道她连妒也不应该？等王生知道那原是恶鬼，才躲到她这边来，拂尘也要她帮着挂到门上，门外有了动静，也要她从门缝里去瞧那是什么东西。恶鬼是当她的面，把王生的心血淋淋地掏出来了呀！这一惊吓，并不亚于隔窗看见画皮！可怜的她，一直承受到天明，才去叫人。这还不够，为了救活王生，她还得去忍受食唾之羞。道士说了，他的法力不够，集市上有个经常睡在粪堆里的疯子，他是神仙，你去求他，随他怎么羞辱，都照他说的办。那疯子真的打她骂她，还吐出痰来让她吃下去——随即，大笑着走了。她回到家里，对着被挖去心的丈夫，想着刚才被众人围观的不得已的垢辱，她哭得恨不得死掉！啊，蒲松龄为什么要这样写！的确，这样写最有效果，这情节也有来历，强烈的感受令人如临其境，但是，太残酷了，太丑恶了，一篇文章里有画皮那一幕已经足够恶趣味了。王生复活能够抵消这一切吗？妻子为了保住丈夫就该什么都忍受吗？删掉它吧！山东版的连环画里，就把这一段删掉了。我宁愿要这个洁本，即使戏剧性要弱一些。

《画皮》是一口任人开掘的古井。世情发展到今日,再来淘这口井,淘上来的女鬼,就成了小三;妻子,与之宣战。你的心,到底被什么蛊惑?我的心,只愿为你割舍……

2013 年 4 月 9 — 10 日

# 王者之尊

大清王朝的历史功用是什么？是为了20世纪末中国清宫戏的繁盛。你格格，我阿玛，万福，跪安。假作真时真亦假，最当真的就数那些演员了，台上一言九鼎，台下山呼海应，这感觉，很好吧。真的假的清朝，我都不感冒，我向来把它摒除在"古代"之外。主要是那发型、那衣服……留头不留发，留发不留头，男人们全都剃光了头皮，蓄起了长辫。这可否形容为"四十万人齐卸甲"？我没资格评论，我自己不在当时当地。诚然，明朝末端已腐朽，而新主英明，开辟盛世。痛苦的优胜劣汰，微妙的妥协融合，中国的历史，是大漠孤烟直，长河落日圆……

清朝的大作家，都爱托言前朝。吴敬梓、曹雪芹、蒲松龄，莫不如此。假如贾宝玉林黛玉都穿的是清朝衣服，那好些人都不爱看《红楼梦》了吧，直接影响两百年以后影视剧的钱袋子。吴敬梓写日常开销，馒头三个钱一个，面条十六文，若是扬州加料面条，就要八分，约合八十文，十分详细。但衣饰他就语焉不详，盖因明清两朝的服饰差异太大，他也不大知道了，借明人写清人之事，只好在这里模糊。蒲松龄身处的康熙时代，文字狱威慑士林，两大戏剧家"南洪北孔"，皆因作品断送功名。孔尚任敢写《桃花扇》，他分明是以额触壁，将飞溅的鲜血染成桃花；而连带观看《长生殿》的其他官员，也跟着洪昇一道集体罢官。独蒲松龄无事，他明明写了那么多抨击黑暗时政的小说。他谈狐说鬼，借幽冥世界讽喻现实世界，砭俗刺奸，入木三分。他说写的是阎王，别人就没法说他在写皇帝，总不成想连坐？他又把小说写得人人爱看，有野火烧不尽之势。

画《聊斋》，一般都把它画成真正的古代，而非清朝的古代，跟我的理解一致。偶有将它画成清朝的，我总不太喜欢，即使画得不失风致。生活在别处，浪漫在远方，这个道理大概在古代也一样。唯有一位画家，反其道而行，无比强势——他是"关东王"，王弘力。

王弘力先生十分钟爱《聊斋志异》，尤其喜爱其中"针砭时弊、鞭挞贪黩暴戾、残民以逞"的那些篇章。他特别认同蒲氏的著作为"孤愤之书"，故尔，他不像其他绘画、戏剧作品那样把《聊斋》置于一个不确定的时代环境中去表现，而是特特把它画成清代，以体现原著的用心。问他自己最满意哪个连环画作品？《王者》！他毫不犹豫，甚至不是《十五贯》。他的《十五贯》可是非同小可，1981年，第二届全国连环画评奖，有两部《十五贯》名列其中，"连环画之王"贺友直获二等奖，获一等奖的呢，就是王弘力。贺老爷子坦言，对比王弘力的《十五贯》，他的《十五贯》能评个二等奖已属不易 —— 你看看这都是什么梯队什么说辞。

另一位连环画大师戴敦邦则是如此说的："吾独自在夜深人静时不敢翻阅他所创作的《聊斋》系列连环画……"是不敢，连白天看着都害怕，鬼气森森。我有东北连友策划精印的《王弘力绘聊斋三则珍藏本》，缎面精装，还是王弘力先生签名本，包括《王者》、《梦狼》和《崂山道士》。印象最深的，是《王者》的第12幅，我还没看这书之前，光看这幅已经被它震慑：床上，一个穿小衣的光头女人，正失惊到张口而呼，双手举起摸着自己的头皮；床边一个穿睡衣的老者，撩着帐幔，也是大惊失色地伸手指着这女人 —— 这两个人，被什么吓成这样？这女人惊呼的口的形状，让我联想到蒙克那幅著名的《呐喊》；她光头的怪异样子，也实在吓人，如鬼附身。没有文字脚本可看的时候，这幅画的神秘莫测，令人不寒而栗。与它相邻的前后两幅，也常常被一起引用：第11幅，是一个梳双髻、蓄刘海的妙颜女子，正梳妆毕，对着妆台，曼妙地举一面椭圆镜在发髻之后，欣赏自

巡抚知道自己贪赃枉法,怨声载道,晚上照例布置卫兵,警备内堂。等他睡到半夜起来小便,发觉小老婆变成光头秃子,不禁大吃一惊,忙喊有贼……
《王弘力绘聊斋三则珍藏本》,蒲松龄原著,匡荣、弘力编文,王弘力绘画,东北连环画收藏友好协会策划,东方出版社,1999年。

巡抚含怒退入内堂,一看他心爱的小老婆正在簪花插鬓,对镜理妆,他越看越爱,不觉转怒为喜。

己的正面和后影。她身后站着个穿长袍的老头，面露喜色，端详她——镜中的她与真正的她，一重重似真似幻，他爱之不尽。此时，一切都还好好的。第13幅，是恐怖的事情已经发生了，老头缩头窝颈，光头女子躲在他身后，旁边一个丫头，觉到了她穿小衣的不雅，正给她披上外衣。这个，没人去留意，众人的注意力都集中在一个衣帽齐整的跨刀卫兵身上，他跪趴在地，拿刀挑开桌下的帷幔向内查看。——究竟出了什么怪事？看原著或连环画，得知就里。湖南巡抚派州佐押送六十万两饷银进京，途中饷银不翼而飞，巡抚闻报大怒。他刚在前堂大发雷霆要重重治罪，转入后堂，见他心爱的小妾正簪花插鬓，对镜理妆，他越看越爱，不由转怒为喜。两人睡至夜半，巡抚起身小便，突见小妾竟变成了光头秃子，不由惊喊有贼。一时仆夫丫环卫兵一齐涌入，四处寻拿未果。是有贼，还是有鬼？说有贼，不过是巡抚说惯了的官话，那个贼怎么别的不要，偏要你夫人的头发；是鬼的话，即如俗谚"鬼剃头"，那也该有头发掉落，怎么神不知鬼不觉，连你夫人自己都不察，一头的乌发就不见了？再美的女人没了头发，美貌都大打折扣，况且事类鬼怪，好似红粉变骷髅，所以变成了秃子的小妾，哭闹着要寻死。巡抚的想法尚且理智，他反应过来了，但依旧是在"贼人"的思路上：能剃头，就能割头，这是做给他看，要他的命。他吓得

一时仆夫丫鬟一齐赶了来,卫兵们根本没离开岗哨,哪来的贼呢?大家手忙脚乱地搜查了好久,什么也没发现。

浑身发抖，颓然坐下。谁？是谁？干的这个？

蒲松龄，写的这个；王弘力，画的这个。这第12幅图有一种勾魂摄魄的力量，它营造的神秘与恐怖气氛，把人吸进去，出不来。我半夜里梦到它了。它在梦里出现，效果加倍，把我吓醒，四周森然。《王者》的恐怖的最高点，落在这里，因其未知和蹊跷，胜过其他 —— 四个为了保命而去寻访饷银下落的州佐，遇见一个只有一只眼的算命瞎子，给他们指路，带他们到一个未知的神秘之城；他们在这座城里见到集市，见到官差，无意中瞥见挂着血淋淋人皮的"剥皮亭"；他们被带上森严的大殿，去见坐在高处的一位"王者"。王者的面目因远而看不清，而他的巨大的投影，投在他身后的帷幕……这座城里的人，穿的都是古代衣服，这位王者的衣饰也如古代王者，峨冠博带。他专司惩奸罚恶，赃官都在他簿子上，该取人头该剥皮，厘毫不爽。他让四人带信去给巡抚：赃银他已没收，分给百姓使用，不许噜苏。四人回转湖南去把书信与一袋东西呈上，巡抚拆看，当场吓死 —— 那就是他小妾的头发。

这个故事，寓意十分明显，警告贪官莫作恶，举头三尺有神明。在这个故事里，只在一幅图中隐约现身一次的"王者"，他其实无处不在，就如他那巨大的投影，威慑四方。王弘力画这一幅的用心，也是非常之巧的，用于点题。

我有点怕王弘力。他画的人，摄人的魂，并往往从真实的生活中取材。他碰到什么人，常悄悄把他们画下来，作为"仓库"备用。他在辽宁省义县看到个小贩，这人后来成了《十五贯》中的尤葫芦。他画《杨志卖刀》，谁会像泼皮牛二，他想好久，想到了老电影中一个专演凶汉的演员，叫章志直的，经过加工，变成牛二。连崔永元都被他画了，无端紧张："我已进入了他的仓库，前途未卜……"嗨，你若是碰到王大师，最好是破帽遮颜，赶快溜走，免得被他抓到他的画里去。

2013 年 4 月 15 — 17 日

## 琴心·幽魂

几年前有朋友给我电影《倩女幽魂》的全套音乐,共十三首。许多旋律是共有的,但各有变调,形成不同主题:"初"、"孤心"、"悸"、"来生"、"无期"、"十里平湖霜满天"……我最喜欢的是"琴心",有一种孤身上路、不知未来在何处的彷徨感。我在心情相似的时候,就挑它来听,回想自己从前走过的某一段路途。当时真是不知道该怎么走,内心胆怯,脚步歪斜,凭本能把握方向,渐渐明朗,路本来就是走出来的。如今,我还是人在路途,未来依然成谜。

人有过去,有未来。鬼有过去,没有未来。或许他们最大的向往是"复生",回到过去;或是"转世",回到人间去做另一个人。

刚刚死去的人,对人间有无限的眷念。什么都还没放下,人却走了,再也无能为力。《聊斋》里有一短篇《耿十八》,写一个刚刚死去的人,恍惚走到一处"思乡地",见一高台,名曰"望乡台",许多游人排队攀登瞭望,然后呜咽着走下来。他也登上去,望见的是他刚刚离开的人世情景:自己的家门庭院,宛然在目;内室隐约,想看而看不清。他可能还听到了哭声,是妻子,是老母,她们在哭躺在床上尚未冷却、但已一动不动的"我"。怎能不伤感呢?——我看到了,我都看到了,只是,我再回不到你们身旁。

假如灵魂仍然活着,那么人死掉的只是肉体。在《聊斋》里,已经成为鬼的人,仍然拥有一具可视的形体,与人无异,行动自如,且拥有超能力,那么,他们损失的是什么呢?他们有的洒脱,有的悲伤,有的开悟,有的执迷。偶有再死去一回的鬼,鬼的死称为"聻",这大概是蒲松龄的独创,不过,基本上他们并不是怕这个,死过一回,再不怕这个了。他们的阴郁,源自于阴间的孤寂冰冷,或是在阳间残留的抑郁怨愤。没有肉体,摆脱了羁绊,又带来失落。

《聊斋》里的鬼世界,有千奇百怪、并不统一的逻辑和规则,研究者已总结清楚,我不必赘述。我只选一篇《宦娘》,看身为鬼魂的幽怨是什么。

《宦娘》是一篇别有魅力的作品。其中妙处,有人分析为结构上的"双线并进",冯镇峦极赞此篇"穿插离合,极见工妙,一部绝妙传奇"。标题里的宦娘,在小说中现身很少,仅开头结尾各露面一次,然而,她无处不在,贯穿通篇。开头,温如春在郊外遇雨,遽入小村,偶遇一妙龄少女,见生人而惊避。温如春心动求婚,她的婶母婉谢,诘其故,只说"难言"。温怅然作罢,夜雨难眠,遂危坐鼓琴,以消永夜。温如春操琴是为绝技,他自幼嗜琴,又曾得神人指点,尘世无对。在结尾,已得佳偶的温如春,为了探明夜夜似乎是在向他学习的琴声之究竟,在琴声响起时,以一面古镜来照,屋角赫然现身无处遁形的,原来就是他曾一见钟情的少女宦娘!

宦娘是鬼。温的新婚妻子良工,对那神秘的琴声,有准确的判断:"此非狐也,调凄楚,有鬼声。"女性的直觉,胜于男人。良工也是聪明女子,为林下部郎葛公之女,精词赋,善古筝。温如春应葛公之命弹琴,良工隔帘听琴,心窃倾慕;风动帘开,温如春也瞥见帘后丽人,求婚又未获许。其后,怪事接连发生,葛公极之满意的求婚者刘公子,因无端遗下一只女鞋而令葛公顿生嫌恶;而良工与温如春之间,却莫名其妙地似乎有了无限瓜葛。葛家的绝种绿牡丹,吝不传人,仅两盆,在良工的闺房中。不知怎么,温家突然有一两株牡丹变绿了,风声传来,葛公心生疑窦,亲往温家,结果又在温的案头看到一笺《惜余春词》,正是他在女儿房里看到过的。他本来就嫌这首词放荡,只是不忍责备女儿。现在事情很清楚,女儿跟温已到这个地步了,再发展下去,要

如春早就听说葛公的女儿名叫良工,精于辞赋,尤擅长琵琶,今夜意外相见,心曲相通,使他惊喜万分,便借着夜色抚琴酬唱。

出丑事了,他只好把女儿嫁给温如春。

这首《惜余春词》,我非常喜欢——

　　因恨成痴,转思作想,日日为情颠倒。海棠带醉,杨柳伤春,同是一般怀抱。甚得新愁旧愁,划尽还生,便如青草。自别离,只在奈何天里,度将昏晓。

抒情的乐声泄露了年轻人隐秘的心声,葛公十分恼怒。第二天,他托故不见如春,有意冷落客人,如春闷闷地离开了葛府。

今日个蹙损春山,望穿秋水,道弃已拼弃了!芳衾妒梦,玉漏惊魂,要睡何能睡好?漫说长宵似年,侬视一年,比更犹少:过三更已是三年,更有何人不老!

我最先读到它时才十一二岁。读的是《白话聊斋》,那普及了故事却败坏了原著语言的读物,故事里的这首词,没

一天,良工在花园里捡到一张旧诗笺,笺上写着一首《惜余春词》,叙述了缠绵的爱慕和思念,恰如自己的心情。

有翻译,因为它无法翻译,美丽的音韵与意象才得以无损。它是琅琅上口的,好的诗词皆是如此,过目难忘。这首词是放荡的吗?我却只觉得美。好一句"日日为情颠倒",好一句"道弃已拼弃了",难为"她"这么大胆,它的琅妙的音韵:ao 字韵有种不顾一切的纵情、放任、拼却与决绝——倒、抱、草、晓、了、好、少、老!真是艳,抵死缠绵,一厢自顾沉迷在有情天里。

这首词,不是良工作的。良工是个温淑的深闺女子,与温如春相似,他俩的性情都比较温淡,没这么拼命。温如春求婚不遂,也就罢了,再不上葛家门,良工,也不过窃有再听一次他弹琴的心愿。良工在花园里,捡到了这首词。吟诵数遍,非常喜爱,遂以锦笺抄录。端谨的闺秀,对这首词的喜爱,是对词赋本身的品鉴,亦有对内中情怀的感戚,这种情怀,她自己虽不及,也认同。她的父亲当然极不认同,一看字迹是女儿的,当然认为是她所作,欲出言责备,他又觉得难堪。女儿大了,不中留。这首由良工抄录的"艳词"又被风吹走了,吹到了温家的田畦边,被温如春拾得,再被来温家的葛公看见——这些蹊跷,究竟是谁在暗中牵线?

这首词,是宦娘作的。宦娘是鬼。她可以让人看见她,也可以让人看不见她。这样她可以自由地做许多想做的事,但有的事她却不能做,令她黯然神伤。这,大概就是她的"因恨成痴"、"新愁旧愁"。她已死去百年了。生时,她自幼喜好琴筝,筝,颇为谙熟;琴,未有嫡传。偶遇温如春,长夜鼓琴,令她心驰神往,可是,她身为"异物",不能联姻或欢好。人鬼殊途。为报答温的眷顾,她尽心费力为他撮合佳偶,而她自己,只能躲在暗处,默默地跟温研习琴艺……

《聊斋》里的许多女鬼,都与人恣情相恋,并无顾虑或

《宦娘》，蒲松龄原著，陈元宁改编，叶毓中绘画，天津人民美术出版社，1981年。

挂碍。但这个幽怨、却步，成他人之美，自身独寄情于琴的宦娘，让人尤其动心。她自己的说法是："君琴瑟之好，自相知音，薄命人乌有此福。"她自认没有这个福分，因为，她没有常人的肉体，她有的，只有死后百年仍然伴着她的琴心。所以，她对爱情的愿望只是，留下一帧小像，希望温如春时而能对之弹奏一曲。空灵，是她的永恒。

灵魂与肉体，孰轻孰重呢？有时候，真宁可舍弃肉体，换取灵魂的相与。想起了尤三姐，她日思夜想的柳湘莲，一度赠她以宝剑，然而事出有变，他翻悔了。事情无可挽回，除非她如此——她用他的剑，自刎于他的面前。她的人，他已不要,那么,留这具肉体何用!就用它,去换取他的心,是值得的。她成功了。将死的她,看见自己被他抱起,在他怀里,他脸上眼里的爱情与痛悔,她都看见了。她对他绽开一个甜蜜满足的笑……可是,事情又来不及了,灵魂飞升起来的三姐,是不是又后悔了。

            2013 年 4 月 20 — 23 日

# 君生我未生

我总想骑一匹小黑马。溯其源头,是从年少时读的《鲁公女》里来的:"时邑令鲁公,有女好猎。生适遇诸野,见其风姿娟秀,着锦貂裘,跨黑骊驹,翩然若画。"这个"生"名叫张于旦,这段描写是从他旁观的角度,在他爱慕的目光中,骑着小黑马的女郎惊鸿一瞥而过。这位鲁公的女儿,不知道叫什么名字,后来她转世到卢家之后,名字依然未提 —— 或许这就是行文的需要,她就是她,用两个具体名字反而效果不佳。我因此也记混了,我以为她叫"连城",因为《连城》一篇也有穿梭于阴间的情节,也是两世姻缘;我又觉得她应该叫"翩翩",概括她独一无二的风采,那么多聊斋女子,唯独她喜好弓马,英姿飒爽。这个女郎,她风姿卓异,她价值连城。

张于旦很爱慕她。爱是一件很奇怪的事情。他并不认识她,只是在野外遇见,看到了她。有时候,只看一眼也很准的，还不了解她的任何，就这么爱了。那，爱对了没有？他觉得对了，那就对了，爱之味，唯有自知。张于旦寄居在佛寺中读书，每天思念着他爱的人。没多久，他忽然听说她暴病而亡，这使他悼叹欲绝！在此之前，他也没有存过希望，他只需要有她这么个人让他想着，突然她不在这世上了，这人世间刹那变作了空空荡荡。很巧，鲁家路途遥远，她的灵柩暂寄到佛寺，就是他读书的地方，她与他，反倒距离拉近了，假如不认为阴阳两界是最远的距离。他对她，朝必香，食必祭，敬若神明。若干天后，她就如同他祷祝的那样含笑出现在他读书的灯下。心诚则灵，要真能这样多好！不管这是她的人，还是她的魂。

她说她杀生太多，罪孽深重，死后没有归所。如他诚心相爱，就烦请他替她念诵《金刚经》一藏数，她就可以解脱。一藏数，是五千零四十八遍，从此他每夜起身，在她的灵柩前捻珠而诵，如此四五年。后来她的父亲罢了官，穷下来，无力安葬女儿，又是他代为营葬，鲁公感激而不知其故，他不知道女儿与张于旦两情绸缪，他就是她的归所。

一夜，她靠在他怀中，泪落如豆——他念的经藏数已满，她就要与他分别，去投胎转世了。她说如果不忘今日，十五年后的八月十六，请他前往相会。他说，我现已三十多岁，等你转世，再等你长大，十五年以后，我老到什么程度了?即使相见,又能如何?她哭泣着说,愿为奴婢以报。她就要走了,请他送她六七里,因一路多荆棘,她的衣裳牵绊,难度。于是他把她抱起来,她则抱着他的脖颈,他跨越荆棘,送她前去投生。——哎,一男一女的这个行走姿势,的确非常好看,在百多年后的电影电视中,是个经典造型。可是在蒲松龄的时代,断无此理呀,可见蒲公真的是非常浪漫,非常有创意。其实这也是个天造地设的姿势,但前提是男子要抱得动,而不是只在摄像机前坚持一分钟。蒲公就解释了,女郎的身体非常轻,张于旦抱她就如抱一个婴儿,可以跋涉很久。我记忆犹新的是少年时看《血疑》,里面那对情侣也有过这个姿势,绝望的他俩准备走到湖中去殉情。那两个人也够美了,但是他们未遂,被人阻拦后警方对那青年男子讯问,如果不能合理解释是殉情,那他就是杀人犯。

张于旦以这样凄美的姿势,把女郎送走了,他这也是一种殉,或曰牺牲。送她去托生,送她离开自己。自此分别,再见不到,即使真有渺茫的再见,她也可能不记得自己了。不是说有孟婆茶么?不是说有奈何桥么?有车马来接,女郎上车走了,临行时回头对他说:"不要忘记呀!"张于旦一个人走回去,他将要孤独地老去。

鲁家的女孩投生到一户姓卢的人家。她生下来就会说话,渐渐长大,美丽聪慧,父母很钟爱她。她还记得前生的事情，谁来求婚她都不应，要等她的张生来找她。她父亲听她讲完前情，大笑着说："痴婢！"——傻丫头！人事变迁，你的张郎就算还在，也已年过半百了，就算你们有过约定，他怎么能等你这么久呢，你又等他干什么呢？她不听；母亲私下计议，到了那个所谓的约定的日子，卢家不见客，等过了期限，女儿自然绝望。那个日子到了，八月十六，来赴约的张生果然被拒之门外；女孩以为他负约，泪流不止，不肯起床吃东西。父亲着急了，借故出外，姑且去见见那个叫张于旦的人。没想到居然是一个少年人，仪貌潇洒，谈吐倜傥，父亲非常惊讶且欢喜。于是把他请到家中，去告诉卧床不起的女儿。女儿一听，立刻奋力起身，从内室望出去——不是他！她非常失望，张生已老，怎么会是一个少年。她说：不是他，你骗我。父亲竭力说：就是他，我不骗你。女孩不再言语了，只是流泪。父亲意绪懊丧，再出来应酬客人也就心不在焉，张于旦觉察了，告辞离去；几天后，女孩死去了。她的魂追进张生的梦里，来问他：真的是你吗？我怎么不认识你了？

确实是他。张于旦现在的形貌是他持续诵经的结果。当年，他送走女郎回来，把她走的日子刻在墙壁，计日以待。他想诵经果真是有效的，这令他鼓舞，所以他继续念诵，比先前更加虔诚。一日，他梦到菩萨，说他为善可喜，要嘉奖他。赐他香茶,请他洗浴,从此,他就一天天地逆生长起来:白发转黑,胡须渐落,皱纹渐舒。他一年比一年年轻,十五年后,他就是这样一副少年模样,去见他的十五岁的恋人。

菩萨恩慈,大慈大悲。但假如她更善解人意一些,她或者应该安排成让张于旦停顿在三十多岁,不再变老。这样,在他去赴约时,女孩一眼就能认出他来,这正是铭刻在她记忆中的那个人,把她送上重生之路的人。——啊,你还在这里,一点也没变。她也没变——就像多年以前,他在野外第一次看到她的样子,十五岁的少女,骑一匹小黑马,风采翩翩。前世轮回了,他们重逢了,两人都感动得流下泪来。

时光是停顿的好呢,还是倒流的好呢?停顿吧,因为即使倒流,也有变数。无所不能的菩萨令时光在张于旦身上倒流,使得这故事感人的成分减少,他变成了一个陌生的少年人,与一个死后再度复活的少女结成全新的一对,这一对新人我们不认识了,过于美满的结局使得他们从前的故事好像真的消失了。

其实时光不会停顿,也不会倒流。时光只会把少年变成老年。你在路边见到一位踽踽独行的老妪,她是那么瘦小、枯皱,你觉得她什么都不必讲究了,能活到这么大岁数已经很幸运了，可你想过么，很多年前，她也是一个少女，有过那么细腻精致的心思，怀抱过那么热烈的爱情——谁会记得呢？那些心事，都被风吹到哪儿去了……

那个生生世世怀抱她的爱情不忘的鲁家的女孩，她却非要等一个老张生，她以为他一定很老了。她就只要他，别人不要。假如她等到的是这个结果，也一样令人泪落——

"傻丫头，"他会说，"我已经是一个老人了。"

这种情形，并不罕见，古已有之。"君生我未生，我生君已老。君恨我生迟，我恨君生早。"这是唐代铜官窑上的题诗，刻在瓷器上，流传至今。被时间隔开的两个人，遥遥相望，怅恨不已。但这个女孩儿不恨，他是老了，可她还是赶上了他——第二次。还是遇见了，在这人世间。多么幸运。他还是他，从前的所有时光都在他身上。

永恒，是不变的曾经……

2013 年 6 月 18 — 20 日

# 愿在衣而为领

初读《闲情赋》,我惊呆了。我从未想到,陶渊明会有这样的柔情:"愿在衣而为领,承华首之余芳;悲罗襟之宵离,怨秋夜之未央……"尤其是,他的文字玲珑奇巧,美妙不可方物。汉语,亲爱的汉语啊,就是古往今来大汉民族一批批最有灵性的人,用他们头脑中的经纬,将它构架成形,经几千年的淬炼、打磨、润色、修饰,它巍然屹立、灿然生光——"一门语言实际上是一种文化,是无数细微感觉聚成的庞大实体。"计算机刚在中国普及的时候,汉字的输入问题,曾经是一个障碍,不知哪一个人叫嚣:"取消中文",我一直想把这个人找出来杀掉。这混蛋,就算给他灌洋奶,他一样摆不平二十六个字母。

《闲情赋》,在中国人的语言变得如此寡淡粗鄙的今天,不是每个人都与它有缘。想当初连至爱陶渊明的昭明太子,都与它无缘:"余爱嗜其文,不能释手;尚想其德,恨不同时。故更加搜求,粗为区目。白璧微瑕者,惟在《闲情》一赋。"为什么?因为那一句句华美的比赋,都太贴近女子的身体,超出了精神的需求。昭明太子是个拘谨的人。我们也原以为陶渊明是个淡泊的人,只知采菊东篱下,悠然见南山。不读《闲情赋》,不知道他也曾被爱神击中过。说《闲情赋》犹如《诗经》、《离骚》,是以比兴之法寄托政治寓意,我才不信,哪怕说这话的人是苏东坡。

假如苏东坡没读对,那么给蒲松龄读吧。好文字代代流传,像种子,像薪火。蒲松龄读了,他写出一篇《阿宝》——

一个情痴,孙子楚。读书人,有痴气,手生枝指。他不是《聊斋》里的另一个书痴郎玉柱,天天读着"书中自有颜如玉",颜如玉真的来伴他了,他却什么也不晓得做,还问美人为何与他同居许久却不生子女。穷书生孙子楚老实、迂讷,被人怂恿着,去向闻名遐迩的美人阿宝求婚。阿宝怎么个美法呢?他不知道,别人也不知道,反正听说她非常美,他就对着空幻爱了起来。阿宝哪里是好追的呢?那么多人都被拒绝了,哪里轮得到他?她倒是听说过他的文名,就笑,说,如果他能把手上多余的枝指去掉。这话,其实是有点侮辱性的,孙子楚却当了真,拿起斧头,把他那根小手指砍掉了。媒人去回阿宝话,她也一呆,却又说:如果他能把这傻劲儿去掉。孙子楚又为这句话较起真来,口口声声对媒

孙子楚他们跑到绿杨树前,看见有一个绝色的少女在树下休息,赵妈一看正是阿宝,忙叫孙子楚留意。阿宝瞥见赵妈和一个青年正在看她,猜知此人定是孙子楚,也就细细地打量了他一番。
《阿宝》,蒲松龄原著,李百英改编,张玮绘画,季源业封面设计,天津人民美术出版社,1980年。

人说,他不傻。傻不傻,很难证明,他的心思突然冷了下来——阿宝也未必就美到那个地步!你看他砍断了手指她却不兑现诺言,他都没被得罪,却被这句话得罪了,他是不傻,但确是有点痴。

《阿宝》中有一幕很美的场面,清明节,阿宝出外踏青,坐在树下小憩,观者如堵。古代的女孩子,一年里难得出门一次,真的很闷,一个人也见不到,也不知道外面的世界是个什么样子。阿宝的美名早就传扬开了,她一现身,大家都把她围起来看:"恶少年环如墙堵。"这些少年其实说不上恶,他们只是老实地站着看,等阿宝起身走了,他们才评头品足,并怂恿孙子楚——这些行为，只说明他们爱美，不算非礼，倘真有人胆敢非礼，必有正义之士出拳严惩，咱们中国是礼仪之邦。少年们自知没希望，就怂恿没希望而痴傻的孙子楚去追，大家好看笑话，就这，也没多大恶意，只是他们心理释放的途径。

孙子楚在人丛中，看到了阿宝。她果真是这样的美，绝世无双，名不虚传。他是向她求过婚的呢，原来没有求错，而她似乎，也是答应过他的，假如他能办到某些事的话。他的心思本已放下，现又悬起来了，真的悬空吊起了。阿宝走了，少年们也都走了，他不走，呆呆地站着。"魂随阿宝去了吗？"众人问他，不答。大伙儿推他，搡他，拉拉扯扯地把他弄回家，他一头栽倒在床上，不言不语，唤之不醒。问他，他朦胧应一句："我在阿宝家。"

他的魂真的跟随阿宝走了。傍着她的衣带间，没人呵责他，他跟她回了家。正如陶渊明所写的每一条、每一句：在衣而为领，在裳而为带，在发而为泽，在眉而为黛……与她极尽亲密，心满意足。这就是他的魂，连阿宝都有感知，有个人与她在一起，问他：你是谁？他答：我是孙子楚。人有灵魂么？注重灵性的人，会毫不犹豫地说有，连唯物质论的科学家都似乎证明了它的有，把将死的人放上天平，等他死去的一霎那，天平倏忽倾斜，他变轻了！灵魂，真如想象中那样离体而去，飞升了。这是一个安慰，或许魂牵梦萦这回事有一部分是真的，你思念至极的人，你就在他身边，与之形影不离。孙子楚幸福极了，只是几天的纯粹灵魂生活过下来，他太饿，饮食不进的肉体的饥饿感觉同样传达到他的灵魂，他虚脱了，被招魂的人唤了回来，他苏醒了。

他醒回了他自己的人间，怎样再见到她呢？还好，不久又有浴佛节。他早早就到水月寺外等候。阿宝的车终于来到……她掀开车帘，目不转睛地看着他：这就是那个如影随形地伴着自己的人？他便跟着她的车，慢慢地走。车停了，阿宝让丫环走来他身边，请问他的姓名。古时的闺秀，能做到的最大表示，仅是此了，足以令他魂动神摇。连环画的改编，更进了一步，阿宝下车与他相见，千言万语也不知从何说起，只说了一句："我决不嫁给别人了。"啊，有这句话，即使他娶不到她，也足够过后半辈子——这么久了，对她用情已深，用情至深。只不知道她怎样想的。不知道她怎样想的。不知道她怎样想。她忽然这样告诉你，她是这样想的。真是天地震动……

阿宝，是被感动的。这证明她的可爱，她不是个没有心肝没有感应的木肤美人，她也不势利，孙子楚的穷，她并不在意。连她的父母也不算势利，尽管他们觉得孙的穷是个问题，但他们认为最大的问题是：择婿择这么久，最后挑中个孙子楚，让人笑话。阿宝的父亲算得一个善良的人。当初孙

愿在衣而为领　　　　　　　　　　　　　　　　39

孙子楚来到车旁，阿宝见到他一时心里很乱，千言万语不知从何说起。好久，才说出一句话来："我决不嫁给别人了。"孙子楚向阿宝深深作了一揖，感激她的情谊。

子楚躺在床上奄奄一息，孙家来找他求情，说要来家招魂，他只是笑，说平素不相往来，魂怎会在我家？其实，这招魂之求以常理看，还真有些不合，于他的千金女儿也声誉有损。不过他终于还是肯了，救了孙子楚一命。他们有翁婿之份。后来女儿执意要嫁孙子楚，他也就答应了，穷么，招赘他就是了，不能让女儿受苦。但阿宝又很有主意，说"婿不可久处岳家，况郎又贫，久益为人贱"，这话很有见识。既然不嫌孙子楚穷，就不应把他招来由岳家养，这会损害他的尊严，改变他的本性。既然挑中他，就该嫁到他家去。或许阿宝的父母也认识到，像从前那样地择婿，专拣条件好、条件高的，反而失了真谛，挑不到人了。为女儿，到底该找个什么样儿的？找一个真心爱她，她也喜欢他的，就对了。

  《阿宝》一篇，想象力、理解力、情节构思、节奏掌握都好，篇末的评点也极精当。只开头说阿宝曾闻孙子楚的文名，读过他的诗，若能稍引两句，就更好了。引用的诗句，应能照应情节，让渐渐感动的阿宝读来，心动神驰。最恰当的，应是陶渊明的诗："愿在丝而为履，附素足以周旋；悲行止之有节，空委弃于床前……"

2013 年 3 月 27 日—4 月 1 日

# 一点胭脂红

连环画《胭脂》，画得颇有格调，独到，趣致，有味道。它是天津美术出版社"文革"前老《聊斋》的最后一册，1963年出版，随即这套丛书仓促结束，到80年代重版时，《胭脂》仍保留了这个戴仁画的版本。书中一个个小小的人儿，线条圆润，动作准确，最有意思的是他们在房屋中间的闪转腾挪。从前的人家都有院子，院里有东边房，西边房，南屋，北屋，各各因地制宜。画家把人物画小，经常呈给我们房屋的全貌，这样画外的我们就有了一副全知视角，画中人不知道的我们都知道。这很得宜，合乎故事中的许多情节要求——秀才鄂秋隼目不斜视地从胭脂门前走过，胭脂悄悄看着他；把这看在眼内的王氏，叉腰，翘臀，一只手十字八叉地跟胭脂比划着。王氏的相好宿介，每常趁她丈夫不在家就来与她私会，他假冒鄂秋隼从胭脂那里抢来绣花鞋，来王氏家中炫耀，两人说着话，窗外隔墙有耳，是想来勾搭王

这书生，风采潇洒，落落大方。胭脂心里一动，不觉偷偷看了几眼。书生不好意思地低头过去了。王氏却笑着低声对胭脂说："你这才貌，若能配上这人，才是好姻缘呢！"

《胭脂》，蒲松龄原著，小戈改编，戴仁绘画，孟庆江封面设计，天津人民美术出版社，1980年。

氏的流氓毛大。宿介随即发现绣鞋失落，与王氏举着灯火在院内寻找，毛大拾了鞋悄悄溜走了。毛大跳墙进了胭脂家，因不知胭脂住哪屋，就在各个屋外偷听，而一间屋里的卞老头，在窗前窥看此人意欲何为……

　　真的很有趣。画家这样表现，是感受到了蒲松龄这样设计情节的意趣。《胭脂》这篇小说，有前人的源头可寻。《泾林续记》中的《张荩》，《醒世恒言》中的《陆五汉硬留合色鞋》，讲了一个大体相同的冤案故事：富家子弟张荩，偶见楼上美人，以同心方胜投之，美人报以绣花鞋。谁知绣鞋被卖花媪的儿子捡去，冒名顶替前去赴约，后杀死了女子的父亲，张荩致祸。我读这个故事，觉得它的破绽很大。即使屋内真的伸手不见五指，那女子，与那人幽会三月，难道真的不知他并不是她先前看到的那个人？那两个男人又绝不相同，一粗俗，一俊雅，她难道不能分辨么？她与来人在黑暗中，只行床笫之事，完事后他便离去，夜夜如此，如此三月。在这桩人之大欲存焉的事体当中，一个人是什么样的品格操行，会一览无余地暴露，黑夜也无法掩藏。这美貌的少女，竟能配合那样一个人？那么连带她的品格也低了。她的父亲被此人误杀，她指认是张荩，到后来公堂上真相大白、真凶归案之日，她还有何面目见人？见自己？一个美梦，醒来发现是一个最丑陋最悲惨的结局。她只有把自己撞碎在公堂的柱子上……同样是一百多年前，西方的女孩子，丢了一只水晶鞋，会把王子与玫瑰花引来；中国的女孩子，丢了一只绣花鞋，总是她的老父被人杀死，粉碎她的绮梦。

蒲松龄显然也对这个故事原型不满意，所以他不但多设计几个人——鄂生、宿介、毛大，作为人性的层次；知县、知府、学使，作为智性的层次，层层推进，臻于圆满——他还修改了女主角的形象，他的朱笔一点——胭脂，一个极可爱的女孩儿出来了。她，聪明美丽，却因是牛医之女，导致婚姻高不成低不就——看，她常常呆望着廊下的那一双燕子，成对儿的蝴蝶也爱飞在她身畔。有一天她偶见秀才鄂秋隼，动了心。邻居王氏开玩笑，说替她说合去，可她左等不来，右等不来，害起了相思病。有一天夜里，有人来敲她的窗，自称是鄂生。她又惊又喜，答道：

"鄂郎啊！我是为终身大事，不是为一夕之欢，你若有情，就托媒人来吧！"

你看，寒门小户的女儿，连梦也做得规规矩矩，梦里有了人，只盼他托媒正娶，私会断然不可。家教如此，自律甚严，但，这也是聪明。她更聪明的地方，接下来我们会看到。宿介请她把门开一条缝，求一握手以解相思，她不忍过于拒绝，轻轻地开了一道门缝，宿介却趁势推门闯进来抱她。胭脂惊吓倒地，喘息连连，宿介还来拉她。听胭脂说的话：

胭脂忙问:"谁?"窗外人答道:"鄂生!"胭脂又惊又喜,颤声答道:"鄂秀才啊!我是为终身大事,不是为一夕之欢,你若有情,就托媒人来吧!"宿介连连答应,但他要求胭脂开一门缝,叫他握握手臂,以解相思。

"你不是鄂郎！他是个温柔的人，知道我为什么病，一定是非常怜惜我的。你要是这样不顾品行，我就死在这里，对你也没有什么好处！"

浪荡子宿介，也被镇住，不敢太行强，托词要信物，捉住她的小脚脱下一只绣鞋就走。胭脂叫住他说："绣鞋被你拿去，要不回来了。姻缘已定，你若负心，我也只有一死了。"看到此，我真的佩服这个小家碧玉女儿，她不仅一下就知道这不是她所思念的鄂郎，在危急时说的话，也清刚亮烈不可犯。假如来人真是鄂生，她也是在责备他不该如此。女孩儿就该教成这个样子。上层人物制定的道德规范，下层人物遵守得最严格："不待父母之命、媒妁之言，钻穴隙相窥，逾墙相从，则父母国人皆贱之！"但，小户女孩的守规矩，又何尝不是自爱？

来的是宿介，不是鄂生，他俩都是秀才，胭脂又只见过鄂生一面，在黑暗匆遽中确是难以辨认。假定来的是毛大，他敲得开胭脂的门么？命案发后，第一个审案的知县确实糊涂得没有基本判断能力，也不看鄂秋隼那样温雅、谨讷、柔弱、羞涩，会是个杀人的凶手？胭脂是被杀父的事实蒙蔽了，大概还联想到"他"那夜的无行，所以一见他就骂，使他完全没有机会辩白，冤气填塞不能开口，在大刑折磨中下了死狱。第二个来审的知府吴南岱，自负断案如

胭脂怕他再纠缠,就答应病好以后再定。宿介又要信物,胭脂不肯,宿介情急,强脱一只绣鞋就走。胭脂叫住他说:"绣鞋被你拿去,姻缘已定,你要负心,我也只有一死了!"宿介应了一声,慌忙地越墙走了。

神,他确有他的精明之处。他先把王氏找来。王氏说不干她事,她说给胭脂做媒是玩笑话,戏弄她。知府说,但凡人要戏弄人,之后一定会向其他人炫耀以显示自己聪明,你告诉了谁?王氏只好供出宿介,于是宿介就被揪出。知府喝问他的两句话也都难以驳正:"宿妓者必非良士!逾墙者何所不至!"宿介冤吧,但真的无言以对,这就是给他的惩戒:放浪无行,你以为可以?看你还敢不敢,不过,你已经没有以后了!

宿介还颇有文名,是一名士,这大概是他放纵的自恃,如今他也只有靠文才自救。他在狱中写了一封信给学使,陈情诉冤。学使施愚山,是蒲松龄的恩师,蒲写这篇小说是要向他致敬,感激他的怜才恤士、知遇之恩。知县无能昏聩,知府聪颖刚愎,而这位施大人,是拥有仁慈和智慧的人。他看了宿介的信,断定此案定有别情。他也是先从王氏问起,问她有几个奸夫。王氏说,只宿介一个。问:怎么专私一个?答:因为是从小就好上的,婚后就没有断掉,另外有些人来挑逗,都被我严辞拒绝。施公说:你怎么忽然又这么贞洁起来啦?惹你的有些谁?王氏说,有个毛大,经常来。还有某甲、某乙——于是一干浪荡子都被拘来,施公再对他们实施攻心之术,毛大顶不住,自我暴露。除了抓获真凶这一关键,施公对其他人,也是极之缜密,滴水不漏。王氏轻佻，被高官当堂问了这些话，对她是个教训，想想看，当着一干衙役，如实回答她到底有几个奸夫、贞节程度如何，真是一生之羞。那帮浪荡子也都被吓得不轻吧？估计今后都会有所收敛。宿介，是最需要被训诫的，看施公的判词写得多好："……攀花折树，士无行其谓何！幸而听病燕之娇啼，犹为玉惜；怜弱柳之憔悴，未似莺狂。而释幺凤于罗中，尚有文人之意；乃劫香盟于袜底，宁非无赖之尤……姑降青衣，开彼自新之路。"80年代拍摄的电影《胭脂》中，宿介被改编成一个正直文士，他与王氏的来往，是表兄妹关系，而冒名夜会胭脂，乃是热心为好友奔忙也——当年淳朴的社会风气，拿宿介不知怎么办，只好这样改。如此，却少了直面丰富人性的勇气，也缺了施公的识见与襟怀，他恩威并施，仍放宿介一条悔过自新之路。

轻佻的王氏，不能肩负给胭脂做媒的重任，她本来也无心做这件好事。关乎人家女孩子终身幸福的大事，她拿来开玩笑，还讲给宿介听，他是个规矩人吗？宿介去调戏胭脂，她知道后有什么表示没有？这两个人真不行。还得让施公来做冰人，玉成其美。案情大白了，鄂生，也什么都知道了，他怪胭脂吗？没有。胭脂惭愧地对他施礼——对不起，害你身陷冤狱受酷刑，姻缘之事，我是更加不敢想了。鄂生叹息一声，和善地望着她——他也知道了，胭脂为他生了病，此事因他而起。可是案子闹得满城风雨，他们不敢再造次，惹人话柄……这两个羞涩、自持、深情的人，其实很登对，可他们千言万语说不出，多么需要施大人来给他们做主。

施大人的判词写得词采缤纷。假如小说纯属虚构，那么这篇判词当然是蒲松龄所写。蒲松龄一生科举蹭蹬，唯在十九岁时参加的秀才考试中连取淄川县、济南府、山东省三个第一，就因为施闰章先生的赏识。头开得这样好，其后的大半生，他却再也没碰上另一位施大人，可以想见他对施公是多么怀念与感激。当世与后世，都知道了蒲松龄多大才，施大人的眼光可证。蒲氏竭尽其才，代恩师写出这样一篇判词：

> 胭脂：身犹未字，岁已及笄。以月殿之仙人，自应有郎似玉；原霓裳之旧队，何愁贮屋无金？而乃感关雎而念好逑，竟绕春婆之梦；怨摽梅而思吉士，遂离倩女之魂。为因一线缠萦，致使群魔交至。争妇女之颜色，恐失"胭脂"；惹鸳鸟之纷飞，并托"秋隼"。莲钩摘去，难保一瓣之香；铁限敲来，几破连城之玉。嵌红豆于骰子，相思骨竟作厉阶；丧乔木于斧斤，可憎才真成祸水！葳蕤自守，幸白壁之无瑕；缧

绁苦争,喜锦衾之可覆。嘉其入门之拒,犹洁白之情人;遂其掷果之心,亦风流之雅事。仰彼邑令,作尔冰人。

一个有缺陷的故事原型,经他妙笔一改,竟然完美了!无懈可击、面面俱到、人情丰美。由判词可见,蒲松龄对小说中人物的名字,是相当考究的,既独特,又非常契合他们的性格、行为:胭脂、鄂秋隼、宿介、毛大,还兼有暗喻之功。他是文字高手,又洞悉人心。可以推知,胭脂嫁了鄂秋隼,一定是万般满意、终生知足、举案齐眉。她爱他哎,而且她不会因得到就忘记自己的幸福。

2013 年 3 月 21 — 25 日

# 有核好种梨

杨青华先生画过《说岳》中的两册：《大战爱华山》和《小商河》。光看这两册，只觉得风格稳健，纹丝不乱，但不脱跳。我理解，《说岳》的整体风格是经过了统一而受限制的，大家都不能脱逸出去。杨青华先生的光华，是在薄薄的一册《刁梨贩》中得以尽显的：这本小书，他画得光彩夺目！稳健依然是稳健，但情趣特出，生活气息极为浓厚。老一辈的连环画家才能画成这样。一套上美社《聊斋》20册，我买之前看到有人评论说，只老画家画的那几本是好的，其余全是跑马。我还是都买了来——果然！难怪这书另有仅五册的一种套装，这是他们社里的默认。

《刁梨贩》取材于《聊斋志异》之《种梨》，原文很短，是个谐趣短篇，要笑的是吝啬之人。乡人贩梨，有道士向他化缘一枚，他坚执不肯。有旁人出钱买下一枚，请道士。道士称谢，说要请众人吃梨。你既有梨，为何不吃自己的？人们问。我需要这梨的核作种,他回答。他吃掉梨,掘地把核种下去,浇下水。俄顷,芽破土而出,长大,长高,长成大树,开花、结果,果实累累于枝头。道士请众人吃梨,满街市上的人都吃了,吃完,道士将树砍断,连枝叶扛着走了。夹杂在人群中的梨贩,也看得呆了,等他回过神再看自己的推车,车上一个梨也没有了,连车把也断了一根——刚才大伙儿吃的都是他的梨!那棵树还是他的车把!满街的人都哈哈大笑。那个道士会魔术。所有的魔术都是假的。他说他能变出梨子来给你吃,你可别信。你要是吃到嘴里真是梨,有梨子的人就要当心。

三会本《聊斋》里的何评,甚妙:"核是吝惜之根。人无吝根,道士纵有妙术,乌得而散之?"其实,对吝啬之人,可打击的面并不大,说他人吝啬,自己未必就大方了,真正大方的人不嫌别人小气。所以,《刁梨贩》将"吝"改编为"刁",或曰"奸",奸商的奸。这样他就非常活该了。连环画的改编很见心思,对赵大这个人物的具体描述,也扩充了故事。

赵大在城里开着一爿水果店。他自称"赵厚道",顾客还价,他满口答应,暗里克扣斤两。别处卖十六文的水果,他卖二十,还到十六文呢,他又一斤扣四两,算来总是他占便宜。占小便宜,吃大亏,开水果店的其实不会这样只做一

赵大自称"赵厚道",遇到顾客还价,从不计较,可是秤上却有名堂,顾客买一斤,他暗地里总要克扣四两。
《刁梨贩》,蒲松龄原著,吴绍英改编,杨青华绘画,上海人民美术出版社,1955年。

锤子买卖,他若这样干,很快就要关门。即便是流动摊贩,也最多只是玩秤,但他们的价格是低的,算来跟店里也差不多,他们的盈利靠的是无房租。好,再说赵大吧,他的生意不好做,就打算到乡下去向农民收梨。他是这样想的:若找同行批发,盈利有限;直接找农民采购的话,可以减少流通环节——目下我们的政府也是同样思路,把中间环节尽量砍掉,以免层层得利,导致"价高伤民,价贱伤农"的两败俱伤结果。而且——赵大继续想,农民好欺,不但可以任意杀价,他还在他的秤锤底下粘上两小块马蹄铁,大玩其

第二天，顾主拿着原货和赵大说理，赵大却死不承认。他的理由很多：第一，顾客的秤不一定准；第二，水果本来水分多，一夜之隔，分量当然要缺。反而弄得顾客无话可说，只得自认晦气。

秤。算计停当，他背着他的黑秤出城去，要赶在农民进城、知道城里价钱之前完成收购。被他截住的农民果然好骗，赵大只撒一个谎说县太爷巡街，肩挑摊贩一律取缔，已经挑了许多路程的农民就巴不得把梨都出脱给他了。赵大开的价不错，只是一过秤，似乎分量上缺一截，虽有人疑惑地说了句："我家秤称过一百二十斤，怎么只有九十七……"但是也认了，一伙农民都这样与赵大成了交。赵大雇了大车运梨子回城的那幅图，十分好看——乡村景致，农田，屋舍，耕人，树，小桥，流水，村妇，狗，远处的山上还有宝塔。

不到半个时辰,这一伙农民的梨子全被赵大收购干净,他心里自是欢喜。眼看农民走远,就雇了两辆大车,奔进城来。

好多筐梨子摞在车上,车把式旁边坐着个人,肯定是志得意满的赵大。

赵大回到店里,先算账。一共六百四十斤大梨,黑秤帮忙,只付了五百一十斤的钱。如此,他光收不卖就已经净赚四千一百文,好厚的黑利!马克思撰写《资本论》,揭示资本增值的秘密,在于资本家的剩余价值。按照他的理论,资本家应无偿提供厂房、机器和原材料供工人生产,生产出的价值属工人所有,资本家只应拿回他的成本,这是多完美无私的运转。倘能做到这样,那资本家们真可以去见马克思了。

故此,赵大被道士戏耍是应该的,光有市场规律惩罚他还不够——他的梨,根本无人问津,谁不晓得他的店是黑店?

杨先生画的街市,非常地有意思。一排排的房屋,瓦片,屋檐,窗户,栏杆,一应俱全,房屋围出来的街巷中,有行人,赶车的,挑担子的,骑驴子的,把孩子扛在肩上的。古时候的人活得有闲情,完全不像我们现在这样越忙越赶,越赶越忙。所以赵大的铺子里闹出了动静,大家都聚拢来看,人越来越多,把街道都堵了。有的人,在楼上看,把着二楼的扶栏,视野更好;隔得更远,在转折的一个窗户里的妇人,也探身望出去,她的小儿攀着她的胳膊肘,也想看。一个道士在街上种树,树长起来了!一只狗也忙忙地往这里奔,来看稀奇。

怎能不看呢?现代电影里的蒙太奇特技才能造成的景观,就在他们眼前发生:刚刚种下的梨核发了芽。长出两片叶子。一眨眼,碧油油的小苗长到了尺把高,成了一棵小树。梨树一个劲往上长。一刹那,绿叶成荫;再一看,白花满树。轻风吹过,送来阵阵香气;转眼间,又落花满地,树上结满了梨子。梨子就是这样种出来的!这是科普电影,展示梨子的生长过程。这梨子,可以吃么?吃呀,吃呀,请大家吃,大家都来吃。好甜的梨。它摘了长,长了摘,没有个完。每个人都捡,捡得满捧满怀,唯独赵大,他一个也捡不

浇完一壶水，新翻的泥土上冒着腾腾热气。周围的人有的笑，有的替道士捏把汗，大家说，这个呆道士完啦，梨核都泡熟了，还能长出什么东西来。

转眼间，落花满地，树上结满了又肥又大的梨子。周围的人个个看得手舞足蹈，欢呼起来。只有赵大心里酸溜溜的觉得怪难受。

着,梨子躲着他。最后道士推倒梨树,一个大梨倒落下来偏巧咚地打着他的头。

道士走了,人们也都走了。赵大把地上别人捡剩的小梨拾起来装了一满衣兜,回他的上了锁的店。哎呀我的梨呢?满屋的筐都空了,梨子一只也没剩!刚才那些神奇地变出来的梨,原来都是我的!都被人吃了,拿走了……他追出去,他哭了……

全书48幅图,第1幅,赵大在笑,第48幅,赵大在哭。他是个肥头大耳、五短身材的人,十分敦实,在他站立和奔跑的时候你会非常觉得这种身材的人特别能做家,"聚起斗大个家私",《三言二拍》的语言会这样描述他,杨青华先生也准确地找到了他的身型。

**2013 年 5 月 13 —14 日**

# 天上有蟠桃

《偷桃》一篇，写的是杂技。杂技本来是可以神乎其技的，但由蒲松龄写出来，我们又更相信他这支笔的魔幻，以为都是他弄出来的幻象。其实他描述的情景，杂技是可以达到的，我们在舞台上常见：一根长绳，向空中一甩，就此悬挂住了，然后人向上攀爬，做出许多惊险动作。知道那些动作不容易，但舞台是一种现实环境，我们只佩服表演者的功夫，决不联想到神魔仙怪。《偷桃》的素材一定也来源于魔术或杂技，但蒲松龄的笔，一写就变成超现实——

……出绳一团，约数十丈，理其端，望空中掷去。绳即悬立空际，若有物以挂之。未几，愈掷愈高，渺入云中，手中绳亦尽。……子乃持索，盘旋而上，手移足随，如蛛趁丝，渐入云霄，不可复见。

天地是个大舞台。数十丈的长绳,向空中一掷就挂在了云端,且能愈掷愈高直到绳尽。那孩子沿绳而上,轻捷灵巧,像蜘蛛借着它丝的牵引,越来越小隐入云霄。观众或许相信他真如他父亲说的那样,到天上去了,要去偷王母娘娘的仙桃。孩子本来是不肯上的,埋怨他父亲糊涂,以这么一线之绳去登天,万一中途断了,他会摔得骸骨不存。父亲又是吓他,又是哄他,说爹已经夸了口了,不上怎办,你替爹上去一趟,把桃子偷了来,众位官家必有赏金,给你娶房媳妇。孩子就这么上了。等他的人影看不见了,隔一阵,还真的从空中落下一个桃子来。献上公堂请大人看,不知其真假。这天上的蟠桃跟地上的桃子,也没什么不同吧,戏法要变出个桃子来,也不难。正沉吟间,突然绳子掉落到地上,父亲大惊,说不好了,上面有人把绳子弄断,我的孩子危险了!随即,果然又掉下来一个东西,正是那孩子的头!父亲抱着大哭,然后孩子的脚、胳膊,各部分肢体,纷纷掉落。父亲悲痛欲绝,一一捡起来放进匣子收拾好,说:"我只有这一个孩子呀!跟着我走南闯北,没想到现在为了桃子,死得这样惨!"上堂跪求帮助安葬,在座的官客既惊且骇,纷纷解囊。父亲把赏金收好缠在腰间,拍拍匣子的盖,说:"八八儿,还不出来谢赏,还等什么?"话音一落,一个蓬头童子顶开匣盖跳出来,向众人稽首,正是刚才爬绳上天的孩子!

大卸活人,大变活人,都是常见节目,我们知道是假的,只不知怎么个变法。还有不知所以的观众,被请上台,魔术师将他捆住不能动弹,"呼"的一声枪响,他安然脱身,被绳子捆得结结实实的,却是魔术师本人!这是怎么回事?杂技与魔术都有着行内人掌握着的秘密,不可外传,这是行业道德。你不入这一行,就不能得知,当然这也保持了永久的好奇心。好奇心加上想象力,成就奇幻之文,这篇《偷桃》我们也不知道真与幻的比例各自占多少了。

张国风先生点评《偷桃》,观点独到:"古代的魔术,是一种戏剧化的、杂技化的魔术。其中不但有令人眼花缭乱的魔幻,而且有世俗的人情世故,这一点对现代的魔术应该有所启发。现在的魔术,受西方魔术的影响,把魔术中固有的人情世故都淘洗掉了,恐怕是失大于得。"——将我们的注意力引向了这对父子的言行,确实,他们除了杂技的技,还有不少人情方面的讲究。

自古跑江湖卖艺的人,第一要会说话:"初来宝地,各位有钱的捧个钱场,没钱的捧个人场……"这番场面话,连我小时候都听到过,卖艺人抱拳打拱,说着电影、评书上的套话。表演的绝活,譬如吞剑,一位白须老者仰起头,将一把银剑插进自己咽喉,360度地转一圈向众人展示,再缓缓抽出。他说他把剑一直插到肚子里去了，没人相信，只相信他使了障眼法，动作还算漂亮。还有一个从南阳来的，强壮如男人的中年妇女表演劈砖，"嗨"的一声大喝，一块红砖果然劈成了两半。她有这把力气，是可能的，但她在劈之前和劈之后，都发表了警告性的言辞："你们不要跑啊，我的眼睛尖得很的呀……"大大削弱了她的女侠风范，她就怕人不给钱。也确实没多少人给钱，多数人都是白看，可见卖艺这一行若缺少淳厚的世风、侠义的人心，就会式微。我记忆犹新的是一个年轻小伙，表演吞铁球。那铁球大约跟健身球差不多大，溜圆——我希望是我记错了，没那么大——他吞了，先吞后吐，可是，他吐不出来了。我看见他神情比较痛苦，不断地拍打着自己的咽喉，仰，俯，一遍又一遍地试图，他吐不出来。那么，铁球他是真的吞下去了？出不来了？我还没细想怎么吞得下去，吞了是不是会死，只是感同身受地替他难受：球！球吐不出来！怎么办，天昏地暗。我的喉咙肚子也难受了，我挤出人群离开时他依然没有吐出。这么多年，那个球还是我记忆中的悬念。多残酷呀，假如要以吞铁球来挣饭吃。

相比较，《偷桃》中的父子在情商方面的确是高，拿捏人心十分到位。要到表演结束才会知道，他们的一切全是做戏。先是那父亲故意向官吏夸口，说能"颠倒生物"，引出官吏给他出难题，点名要桃子。时下正是隆冬，坚冰未解，哪来桃子？只有王母娘娘的园子里有，他说，就让小儿到天上去一趟，摘一个来。绳子挂到云里了，孩子不肯上，他连哄带逼地让他上。他为了几个赏金，不惜让孩子去冒险送命，观众不免有些讨厌他吧。爬高上天是一奇，桃子从天上坠落是二奇，如果还不十分相信，就再把那孩子大卸若干块，一块块掉落在地，眼见为实，看着这肝肠寸断的老父，谁还会不掏钱！哈！钱都收够了，他再把孩子完整囫囵地变出来向你拜谢，多谢好彩头，再给你看这最精彩的谢幕，让你慢慢想去。一出杂技还有余味让你品咂，钱也实在给得不冤了。

　　我一直不喜欢杂技。再高难度，再异彩纷呈，我也看过就算，不看也可。谁家父母这么狠心，把孩子送去学杂技？杂技是什么？既不是体育又不是艺术，它没有二者的地位，但需付出不次于此二者的汗水和努力，而且，太容易练得遍体鳞伤。还有这么一条行规：在台上，如果有一个动作做失败了，表演者必须重来，直到成功，观众的掌声起了，方可下台。直到两年前我的观念才发生改变，这都因为杂技《西游记》。

　　2011年5月，我看到广告，赶紧去抢票、选座——"大型杂技神话剧《西游记》"，我的第一反应是用杂技来演《西游记》真是个点子。多棒的创意，应是杂技这一行的人士想出来的，而要把这想法付诸实践，又需要多大的勇气。这可不是拍电影，没有特技，全都得靠货真价实的技艺。孙悟空，各路神魔妖怪，腾云驾雾，变化百端，他们的超凡入圣的身手效果，都要靠肉体凡胎的人身去完成，那该是多么惊险壮美。杂技从来不会讲故事，一旦用《西游记》的故事把它架构起来，其中的英雄主义激情，会使得杂技充沛起来，不再只是纯技艺的展示。

观剧，真是美轮美奂，超强震撼！极致的舞技，飞跃的身体，或澎湃或忧伤的音乐，在贯穿全剧的掌声雷动中我独自被激情和遐思所贯穿。艺术是相通的，所谓采气，灵感的"气"一定要到行外去采。我印象最深刻的，是他们对紧箍咒的表现——你能想到吗，他们居然用多人的空竹来表现孙悟空遭受紧箍咒时头脑中的剧痛与轰鸣。多人耍起空竹来，不同的技巧，变动的弧线，与头脑中的剧痛的形态何其相似，孙悟空就在他们中间挣扎翻滚。石破天惊的猴王，炼丹炉前的"人之鼎"，天兵天将，刀舞棍舞，火焰山上的阵法操演，还有多么欢乐可爱的妖精，多么忧伤无望的男女之情……

我叹为观止。这演出是全国巡演，在武汉只演两场，下午一场，晚上一场。如果我订的是下午场，我一看完出来就会再订晚上的再看一遍,可惜。我都想跟着他们到下一个城市去了。从此我对杂技的观念发生改变,它具有向艺术迈进的无限的潜力。

2013 年 7 月 7 — 8 日

## 老神仙,自砍柴

有的书是等人的,如《崂山道士》。这则寓言式的小故事深入浅出,孩童都看得懂,而走过一生路之后,老叟还是对它捻须莞尔。

我小时候看这个故事,每个字都看懂了,就是不懂为什么王七别的不学,偏偏想学穿墙术。学这干吗?直到看了同名木偶动画片里王七得意的唱段才恍然大悟:"谁家有金,谁家有宝,穿墙进去我穿墙进去,拿了就跑!"——啊,原来他是想干这个!绕那么大弯子吃那么多苦去求仙学道,结果是为了当强盗,这岂非舍近求远,他干吗不学点真的仙术本领,或者求得长生不老,就像孙猴子那样?

故事是这么一本正经地开始:

"邑有王生,行七,故家子。少慕道,闻崂山多仙人,负笈往游……"

王七叫王七,这名字起得挺绝,歇后语有云:"王七的兄弟——王八"，作者倒不这么骂人，王七也确实还不到"八"，他只不过是个小眉小眼的小坏人。动画片里的王七，五官简略，那喜眉笑眼，或愁眉苦眼的样子就像——就像本片的艺术指导之一程之先生。他们可能就是以他为模特塑造的这个木偶形象，说不定还是程之先生自己的意思。王七"少慕道"，听来似乎是一风雅骚人，片中他的风雅与骚，表现在他出口的吟唱，他说点什么唱点什么，全都是昆曲腔：

"要学神仙，驾鹤飞天，点石成金，妙不可言，定要到、崂山去学仙！"——这是他看《神仙传》入迷的时候；

"关关雎鸠，在河之洲。窈窕淑女，君子好逑……"——这是他当着妻子的面假装读《诗经》的时候。

这昆曲腔，从哪里来呢？来自本片的另一位艺术指导刘异龙先生。只是，我非常想知道这个昆曲的创意是谁想出来的，得先有这个点子，才能去请刘先生呀。就因为这贯穿全片的昆曲腔，动画片《崂山道士》才这么可爱，比原作更出彩了。它充满谐趣，且强化了原作蕴含的哲理。

王七碰壁，事出必然，他想不劳而获，想钻墙去偷人家东西，势必"触硬壁而颠蹶不止"，如蒲松龄化身的"异史氏"在篇末批评的。这个道理浅显。其实，王七想发财，睡梦里都抱着金元宝，这也并非特别值得指责的梦想之一种。世界各国的文学里都常有探险寻到宝藏的故事，连朴实高洁的简·爱小姐，后来还突然继承了一笔财富呢，这些财迷故事也没怎么被人指责。王七有些憨，他不直接找神仙要财富，想学个钻墙术自己动手，这就成了偷，人就卑琐了。蒲松龄是高人，他写的这个故事里暗含着另一个意思——王七找道士求学仙术，道士让他去砍柴。道士是在哄他吧？最后让他碰壁，也是在捉弄他吧？我小时候是这么理解的，直到后来，才悟出：没有。道士没有骗王七，他教给他的句句都是老实话。你想求仙学道吗？那不是一年半载的事啊，你得能吃苦。来，拿着斧头，去砍柴吧。

世上无仙术，唯有手中斧。道有道，道亦无道，不管你做什么，做什么都是修行：渔、樵、耕、读，都是修行。越来越多的人，勤恳的、踏实的、正直的人，认识到了这个真谛。你想快乐吗？那你就要劳动，劳动除了让你有饭吃，还让你痛快踏实。你想从这平凡的人间生活中悟出什么吗？那你就得做事。你做着做着就明白了，在你砍柴的时候，在你挑担的时候，在你走路的时候，你慢慢知道有一条"道"，你上路了。这就是"得道"。

王七初登崂山去寻访仙人，那山巍然高耸，松石奇峻，云雾缭绕，宛似水墨画，颇具黄山之精神。木偶人儿王七拾级而上，到了半山，走不动了。此时，一段神采飞扬的山歌飘来，是一个砍柴的老翁，挑着一担柴走过悬空的独木桥。

他唱得非同凡响,可是又听不懂,惊动了荧屏外的观众上网去搜问:他唱的是什么?

他唱的是:

老樵夫,自砍柴,捆青松,夹绿槐,茫茫野草秋山外——

这歌子,确实仙风道骨!王七路遇老樵夫,这一段插曲也有来历,令人联想到《西游记》里的美猴王独自出海去寻访仙道,在林深之处听到有人唱歌:

观棋柯烂,伐木丁丁,云边谷口徐行。卖薪沽酒,狂笑自陶情。苍径秋高,对月枕松根,一觉天明。认旧林,登崖过岭,持斧断枯藤。收来成一担,行歌市上,易米三升。更无些子争竞,时价平平。不会机谋巧算,没荣辱,恬淡延生。相逢处,非仙即道,静坐讲《黄庭》。

猴王是个有慧根的,他一听就满心欢喜,说:"神仙原来藏在这里!"他赶去膜拜,那个在山林中唱歌的人原来是个樵夫,正在举斧砍柴。他说,我拙汉衣食不全,怎会是神仙？猴王说："你不是神仙，如何说出神仙的话来？"

王七没有猴王的悟性，他只是呆呆地看着砍柴的老翁。倒是老翁笑着招呼他："读书人，上山去呀？"

"求仙去。"

"唔，要想求仙学道，还得步步登高哇。"

"唉，高不可攀，行走艰难哪。"

"嘿嘿，怕吃苦？要想求仙术，哪能怕吃苦哇？哈哈，上吧！"

老翁走了。他明明是个活神仙，中途来点化王七的，可惜他没有听明白。这砍柴的老翁可能就是王七想拜见的师父；他终于登上山顶后拜见的道士师父，从前或现在，也可能就是个砍柴的老翁。—— 得道的神仙，都是这么一步步砍柴走过去的。

王七不会砍柴，他也不信砍柴。表面上说肯吃苦，跟着师兄们上了山，他拿着斧子都不太会使，只拣最细最小的树枝，装模作样砍砍，斧子脱手还砸了脚。砍不动，他无奈做梦："斧头啊，你自己去砍柴吧！"斧头真的飞出去，一道道枝条飞落，自动打捆，滚到他身边……咦，怎么没有呢？还是得自己砍，他爬上树去，坐在树杈上砍，好像倒过来坐着更得劲，他坐到树枝上，砍砍砍，树枝砍断，他也跟着掉下去……

这动画片编导的水平,也是含而不露,高人从来不说自己是高人,看你碰上了认不认识。然后就听到王七的独白,那是程之的声音,说着刘异龙传授的昆曲腔:

……苦日子实在难熬啊,不如逃之夭夭……

这"逃之夭夭",暗暗地和开头的"关关雎鸠"押着韵,他没忘了他的《诗经》呢!王七是个读书人,编导更是,关键是,他知道该从书堆里拎出哪一句来放在这里。不少年轻人听到"老艺术家"的称谓,会王七似的撇嘴:老艺术家,哼,老了就艺术家?他是没见过人家砍柴呀,嗨。

2012年6月11—13日初稿;2013年6月8日改

# 有狐绥绥

《青凤》是《聊斋志异》较早期的作品,有人称青凤为聊斋小说的第一只"佳狐"。在它之前,蒲松龄写过害人的魇狐、祟狐、妖狐、炼丹狐,这些狐都是妖类,光看篇名就知道:《捉狐》、《狐入瓶》;还写过一篇《狐嫁女》,里面的狐一家子有人情味了,但作为主角的书生只是他们婚礼的看客,人与狐尚未发生情爱关系。不过,《青凤》之前还有《娇娜》,我认为比《青凤》好得多。山东的吕扬先生,他在充分肯定《娇娜》重要性的同时也严厉驳斥"腻友"之说:"腻友者,男子玩物也!"他认为最后把娇娜弄成腻友完全是好端端的爱情写坏了,误入歧途。他论证严谨,自成体系,把人看得羞煞,正仿佛青凤被她严厉的叔父教训,意念里某些逸兴遄飞的东西都被管束了。

女友给我一道谜题:一个人带着一群动物在森林里行走,途经一道道关卡,每过一道关卡必须要丢弃一样动物,才能最后走出森林。这些动物是老虎、狗、孔雀、猴子、狐狸。假如是你,你丢弃它们的顺序是什么?不太容易选择,我大致排列为猴子、狗、孔雀、老虎、狐狸。女友说,恭喜你,你将来会是一个很有地位的人——狐狸对应地位,老虎对应金钱,孔雀对应爱情,狗对应儿女,猴子对应父母。这谜底令我愧疚,但这题目本身似乎包含着诱陷,我相信多数人会先选猴子,因为它看上去最该是放归山林的样子,它怎么就对应父母呢?我猜到了孔雀是爱情的譬喻,它是唯美的,但孔雀的美,极不易保管,难拿难收,它也不是世间唯一的美、或最美。狐狸也是很美的,且颇趁手,可为掌中一物,我以为它多少也跟爱情有关,为什么它却代表着地位?我对地位毫无向往,尤其是很多年之后的地位。男人有了随年纪而增长的地位,可增添魅力;女人有了年纪和地位,人们对她地位的尊崇,还不敌暗含着的对她的同情——一个有地位的老太婆,地位有什么用?除了看病方便。

……这一年的清明节,书生耿去病到郊外上坟。途中风雨交加,他看见两只小狐狸被一只猎狗追得没命地乱跑。一只小狐狸逃向了荒野;另一只仍在小道上奔逃,它看见耿去病,就不再跑,望着他呜呜地啼哭。——假如是你,你会救这只小狐狸吗?会抱起它来吗?耿去病把它抱起来,抱在怀里,带回家去,把它轻轻地放在床上。他刚去关好门,一

耿去病把小狐狸抱在怀里,带回家去。
《青凤》,蒲松龄原著,徐淦改编,李世南绘画,人民美术出版社,1981年。

转身,小狐狸不见了,坐在床上的,是个姑娘,正是他日思夜想的青凤!这,真是让人惊喜若狂!你在郊外看见一只狐狸在孤独地走路,你是会爱护它,还是想戏弄它,或是杀死它?怎么做,看你的了。你给出的答案,暗含着你的人生谜底。

耿去病这才知道青凤是狐狸。先前,他与她是被她的管教甚严的叔父给分开了。耿去病本是一"狂生"——所谓狂生,现代白话文里没有相应的词汇,耿去病的某些举止,也迹近流氓,但"狂生"总还有些士人风度,他也的确有。故事的开头,他闯进怪事连连、无人敢住的荒宅,穿楼而过,到楼上灯光处,对着内室里团坐笑语的一家子,大笑着说:"有不速之客一人来!"一家子都吓跑了,独一老翁出来叱问,他对答如流,并说起《涂山外传》,大谈狐族古老的功德。老翁甚悦,把儿子、侄女、老荆都请出来听他高谈阔论。他就是这样看见青凤的:"弱态生娇,秋波流慧,人间无其丽也。"他就这样盯着她看,看得她头也低了;他又暗暗地在桌下追逐她的小脚,她退缩、收敛——奇怪吗?青凤是狐,又是淑女。狐狸精而淑女,怎样一种效果?对于耿去病这种狂生来说,他的追逐,特别需要羞缩躲避的淑女才能显衬。他不能自主了,拍案大喊:若能得到这样的佳人,当皇帝也不换啊!众人见他酒后发狂,都退走,他也只好向老翁告辞。

但随即,他就搬进这所宅子里去住下了。入夜,一个披头散发的鬼进来,面黑如漆,张着眼看他。他哈哈大笑,染指研墨,把自己的脸也涂得黑漆漆,两眼灼灼地与鬼对视,结果,"鬼惭而去"。哈!《聊斋志异》好看,就在这些细节的精彩,光有情节是不够的,《青凤》里若没有这一笔,耿

过了一会儿，出来一个老头，责问道："你是什么人，大模大样地擅进闺房！"

去病其人，也没多少可取，狂生必须有趣，有情义，否则与流氓何异？那个鬼就是青凤的叔父所扮，他当然知道这狂生意欲何为，故狐扮鬼，想把他吓跑，结果反是自身羞惭败退，打算举家搬离。

夜深了，耿去病听见楼后细碎的脚步声，一人举着烛火，挑开竹帘，从房中出来——啊，是青凤。她看见他，惊骇地

只见房门半开,出来的正是他日思夜想的青凤。

退回,把门关上。他在门外长跪致辞,她隔着门说,知道他的情意,但叔父闺训甚严,不敢奉命。他说愿一睹颜色,并不敢望肌肤之亲;他愿得一握手为笑,便死不憾。而等到他真的与她坐在一起时,他又不让她走了,"欲与为欢"。"正持论间"——你想他们正在说着些什么话,她叔父进来了,那些话正是她叔父最不能听的!把个青凤羞得无地自容,低头

正在这时候,她叔父突然进来了。

急去,老翁跟着出去了,耿去病也尾随而去,听老翁把青凤百般责骂,听她呜呜地哭泣。耿生心意如割,大声说:"罪在小生,与青凤何与?……"于是,一切突然就没了声息。闹鬼的宅子不闹了,寂然了,青凤一家消失了。

几年之后,耿去病从郊外救回一只小狐狸,原来,就是青凤。她说,你别嫌我是狐。他说,我见到你,就像见到宝贝!她现在才敢与他在一起,除了水到渠成,还因为另外那

他刚去关门,一转身,小狐狸不见了。床上坐着个姑娘,不是青凤还会是谁呢!

只小狐狸,是她的婢女,一定以为青凤死在野外了,才能瞒过她的叔父。而她的叔父,后来也被人猎捕,求他相救,一家人才得以团聚,叔父羞愧地承认了以前的错误。其实,他哪里错了?管教家中女儿,而且还是侄女,他当然得那样从严从正。他骂青凤"贱辈辱吾门户",本质上还是爱护她:你闺中女子不识好歹,你可知道外面有多少像他这样的狂蜂浪蝶！别听他甜言蜜语，他想干什么，我知道！……故事的结尾呢，耿去病与青凤生了儿子，还特地送到叔父这边来请他教导，这说明耿也认同了叔父的家教，只不知耿对自身的行为是否有所反省。男人应该怎样对待女性，只须做一种假设即可：假设你有一个女儿，你希望她碰上的男人怎样对待她。

蒲松龄写《青凤》时，思路与观念还没放开，故尔写出了一个淑女型的狐狸精，受着儒家思想的训导。不过，如此也别有风味。其后，他再写出的狐狸渐渐脱逸，不拘一格，风致万端。但他笔下的狐，似乎自感卑微，认为人是比它们高等的灵物——是不是呢？在狐，及其他生灵的眼中，人是妖物，在这地球上兴妖作怪，并掌握着对它们的杀伐之权。

蒲松龄对《青凤》是颇为自得的，甚至让它进入了另一篇《狐梦》，形成互文关系。他写，他的友人毕怡庵，读《青凤》颠倒痴迷，梦入狐家，与狐女相遇相爱，就像耿去病那样。而十分看不惯聊斋小说的纪晓岚大学士，在他的《阅微草堂笔记》中写了一篇《反青凤传》："东昌一书生，夜行郊外，忽见甲第甚宏壮。稔闻《聊斋志异》青凤、水仙诸事，冀有所遇，踯躅不行……"结果，他被狐狸戏弄了一番，大触霉头。"非狐戏君，乃君自戏也"，这是结论。纪晓岚为什么不爱幻想？因为，他的实际生活已经太优越了：学问巨大、官运亨通、家庭美满、妾媵众多，以至于坊间邪乎地传说他"日必五度"——他哪里还需要狐狸精！

2013年6月9日；6月13日

# 小翠是狐仙

《小翠》的故事家喻户晓，应部分归因于1983年华文影业公司摄制的影片《精变》。当年我唯一心存犹疑的是片名："精变"，这两个字慑人眼目，也不通俗。当然，片名不能叫"小翠"，必须得改。多年后我才信服，"精变"二字定得又好又准，要的就是这妖异的气息、慑人的效果，在电影的开头劈面打出。"一个天震地吼的风雨之夜，'天眼'大发淫威，欲清剿天下精怪。一个奔波在野林荒坟间的妇人，被逼得现了狐狸的原形，钻进在破庙中躲避风雨的穷书生的袍子下面，躲过了灭顶之灾……"随之，雷霆收散，归于平息，转眼已是数十年后一个风和日丽的良辰。当年的穷书生已经官拜侍御，他的官轿在路途中遇一村妇，带着个女儿，愿嫁与他的痴傻儿子为妻。

这电影怎能不好看。男女主角，选得美轮美奂，一个徐少华一个魏慧丽都来自山东，他们入选《精变》，像是为稍后电视剧《西游记》的预选。徐在《西游记》中挑大梁饰演了最美的唐僧，魏慧丽稍欠发挥，只演了高小姐——这也是没办法的事，西游中的女子都是短暂过眼的，魏在电影中最大的发挥还是《精变》。她本是京剧演员，工荀派花旦，选一个头等花旦来扮演小翠真是再合适不过了。魏的美丽与大气，以及身段做功，甚或大于小翠，但，必须要一个极致的人，系千钧于一发，才能撑起如此气场。同理，傻公子元丰本也不必美如冠玉，但他若不这样美，又怎能与小翠匹配？

读《小翠》，我只感到蒲公的活泼。小翠会"刺布作圆"——缝布做球，穿双小皮靴踢它，让元丰跟丫头们捡球，偏巧她的公公王侍御经过，球一下正中他的面门！大家都跑啦，元丰还乐颠颠地来捡球，王侍御气得只有打儿子。元丰哭了，哄他的只有小翠呀，给他擦眼泪，拍灰尘，摩挲疼地方，拿枣栗子给他吃，用脂粉给他画个花脸……小翠是多么会玩！她把元丰化装成楚霸王，她自己束细腰，婆娑作帐下舞；又把他装扮成沙漠人，她头插雉尾，拨琵琶叮叮咚咚……蒲松龄先生大概很爱看戏，不然他上哪儿找的灵感写成小翠。家常妇女，哪有疯闹得如此风情万种的？

但小翠的公公王侍御为人古板，通篇他在被小翠报恩的

《小翠》,蒲松龄原著,路青改编,赵绪成绘画,江苏美术出版社,1984年。

过程中,毋宁说他同时也在被小翠耍笑着。侍御是多大的官儿?搞得他道貌岸然,又忧心忡忡。人生不如意十常八九,做了官,就有政敌,而且还就住在他家对门,时刻监控着他;自己家里内部呢,又生了个傻儿子,十六七岁了还男女不分,没人要,好不容易找了个媳妇,又疯疯癫癫的,成天闹,他这幽默感缺乏的人着实吃不消。电影《精变》是完全按原著来拍的,添加了个细节,颇逗——丫环来报,小翠把公子闷在澡盆里给"煮"了,王氏夫妇急忙赶去。进了房,小翠却只穿着袒胸露背的内衣,王侍御"唉"的一声又退了出来。这真是个神来之笔,合的是"急惊风遇着个慢郎中"的艺术法则,就如贾宝玉要挨他父亲的打了,急着找人报信，偏只寻着个聋婆子，把"要紧"听成"跳井"，还笑答"跳井随他去跳"。《精变》看到这里，观众哗然大笑，王侍御被耍笑的实质昭然若揭：儿子被煮了，他仍然严守男女大防，成何体统呀，眼观鼻鼻观心，他对他美丽绝伦的儿媳确实没邪念。哼，倘或他稍有，他反倒还显得有心肝一些，正如《围城》里赵辛楣揶揄李梅亭教授的话："我宁可他好色，还有点人味。"

元丰被"煮"，乃是小翠使的"热汤蒸闷术"，等他苏醒，就脱胎换骨。为什么不一开始就治好他，要等这么久？一个是故事的节奏问题，最麻烦的须最后解决；另一个是前面的情节还需要元丰的傻来帮忙，故此，轻重缓急，调度有方。而元丰的娘的心事，与世上所有的婆婆一样，她就想早点抱孙子，也不管时机是否合适。她以婆婆的直觉，知道小翠夜里跟元丰没睡一床，于是就把元丰的床抬走，促其好事。小翠对婆婆心意的顺从与努力，在元丰的抱怨当中一览无余："把床借走了，老是不还回来！小翠天天把大腿压在我肚子上，让我气都喘不过来，她还老掐我的大腿里面。"哈哈哈，仆妇们听得那个笑法！——"妪婢无不粲然。"自古做保姆这一行的，最高兴的就是听主人家的笑话，这是额外小费。元丰娘也只好喝走元丰，维护体面。皇帝怕史官，雇主怕保姆，有什么办法。不过，后来好啦，他的痴病一好就变作了佳公子,与小翠琴瑟静好,如形影焉。

　　小翠在治好元丰之前,重点工作是设计挫败了王侍御的政敌、住他家对门的王给谏。嗨,谁让他两个这样住的!他俩中的任何一个搬远点,说不定就能转化为彼此仰慕的关系,远交近攻,人都是这样子。门对门住,住成死对头,从王侍御的角度看过去,王给谏是更凶恶一些。小翠怎么解决这事的?一个晚上她剪下头发粘成胡须,装扮成宰相模样,冠带骑马而出,到对门说要谒见王先生。忽又鞭挞从人,大声说:"我是要见王侍御,谁说要见王给谏!"打马折回家,王给谏就上了当,躲在王侍御门外监听半夜,一直不见人出来,那么可以推断,王侍御与当朝宰相有密谋,关系非浅。次日见了面,出言试探,王侍御支吾以对——那就对了。趁早儿收了那歪心思,改为巴结王侍御是真,他从此稍作收敛。可是一有时机,还是冲上朝堂去告状,欲置王侍御于死地。他攥在手中的元丰穿的龙袍,瞬间变成黄包袱皮;皇冠,是高粱秆;再把元丰召上殿来看,痴傻,憨态可掬,把皇上都逗乐,遂把诬告的王给谏充军到云南去。

　　小翠给家里帮了多大忙啊!王侍御心中暗喜,可是不肯露出,不肯表示他的感激。他的内心里,究竟有没有感激之情?做官,泯灭了他的性情。有些人,虽磨炼得城府极深,喜怒不形于色,但暗里赏善罚恶,也怪有趣。王侍御是

夫人听说儿子被小翠闷死了,哭闹着跑来,一头撞在小翠身上,叫小翠还她儿子,正闹着,丫头说:"公子哼出声了。"

喜不形于色,而怒总是形于色,他在通篇里气急败坏的样子有多少回。我在网上找到江苏版的《小翠》连环画,是写意水墨,画风好似模仿高马得,水墨小翠,一个灵动至极的小翠。王夫人得知儿子被小翠煮了,一头向小翠撞来,小翠闪避,这个场面的造型非常好看,婆媳二人的姿态简直如舞蹈翩翩，一张，一驰，配合默契。你这个妖精，你还我儿子！这种傻子，不如没有。——这里，小翠对婆母撩得是有些过了。王侍御以为小翠惹下大祸，要被天子治罪，狂怒至于操起斧头去劈门。公公是想灭口吗？小翠的话止住了他，不管怎么说，公公砍杀儿媳听上去不伦不类的。

有小翠在，什么祸事都能转为喜事，最终坏了事的，是王氏夫妇，为小翠失手摔破了一个玉瓶，对她交口喝骂。逼得小翠去对元丰说出：我自从来你家，所保全的，不止一个玉瓶，现在我要走了。说完就走，追之已杳。现在明白了吧？小翠是狐女，只为了王侍御多年前无意间救了她的母亲，特来报恩。狐狸尚晓得滴水之恩，涌泉相报，王侍御，你还不如狐狸。

元丰天天对着小翠的画像哭：小翠，我想你……当时还没有照相机，请人画像，也不知道有几分像。小翠终于见了他一面，安慰他，再娶妻吧，你这次娶的，还是小翠——新娶的新娘，果然与小翠长得一模一样。原来狐狸早知道他将来要娶的女孩是这个模样，所以预先按此变化，为的是将来解他的相思。狐狸啊狐狸，怎么把事情做得如此完美！这只是因为，蒲松龄的心思太过灵巧，他就是心较比干多一窍的那种人。

——蒲公，我们请你看场电影吧？就是按你的《小翠》

元丰自从失去小翠,睹物伤情,吃不下睡不着,日益瘦弱憔悴,每天只是对着小翠的画像发呆。王公夫妇要给他另娶媳妇,他坚决不要。

拍的,你看看,拍得如何?他在天上微微一笑。他本来就是这部电影的编剧、导演、摄影师和艺术总监。

2013 年 5 月 7—9 日

## 媚与娇

天津版的《聊斋》连环画,张令涛、胡若佛画了三册:《娇娜》、《小谢》、《辛十四娘》。后二册,一看就是他俩的,唯《娇娜》须翻开才知,因为封面是另一位画家画的。连环画书的封面往往由另一人来画,不知是什么道理。好在这一幅封面画得也出色,这垂髫少女,真是眼波流慧,明艳娇娜。一个"娇"字不好画,胡若佛的仕女,公认是"媚"。胡若佛最崇敬的中国画家是张大千,而张大千自认画不出胡笔下女子的那股媚韵。故而胡颇获董桥之心,董桥写道:"我缅念这位不画'enormously developed busts'的大画家,缅念他笔下一个个渗着媚韵的女人……"

嘿,"enormously developed busts",它的意思是"超级发达的胸部",大波。其实何至于此,胡若佛的品味离这远着呢,即使他画春宫图。郁达夫算是个色情的人吧,可连他都认为,日本少女盘起的发髻之下,散落着些毛茸茸的发丝,有一种"处女的美感"。中国有与此通感的风俗,女子结婚前,兴"绞脸",把脸上的汗毛都用线绳绞掉,光光的,再没有了那些散碎、纠缠。性感是相当微妙的东西,露骨反是背道而驰,近年的时尚刊物封面女郎,总是对镜头扭摆出最能显示其超级发达胸部的pose,这认识,低级得让人同情。胡若佛画的古装仕女,衣衫裹得严严实实,衣领的前后都是服帖的,还不像日本和服故意要露出一大截后颈,完全合乎中国古代的规范。但,她们性感。性感在她们幽雅的身形体态上,由他神乎其技的铁线游丝描勾出来;性感在她们面部的表情上,是一种端素的媚,眉、眼、鼻、樱桃小口,那么工整而暗含风情。这风情,她们解不解呢?可能未必,像辛十四娘,虽是狐女而庄重自爱,和冯生成婚后,只是勤俭持家,打扫房屋、织绢操作,她有个非常美丽的丫环经常给他们表演歌舞,看来她是把风情的任务交给这丫环了。她还阻止丈夫外出交游,冯生在外真出了祸事,也是她设计搭救,那么,她就是端庄一路的一位贤妻,妻贤夫祸少。再看小谢和秋容这两个调皮的鬼姑娘呢,她们对陶生的逗弄,完全是孩子气的,无奇不有地惹跳,闹得没有名堂。陶生先还说:"房中纵送,我都不解,缠我无益。"后来,他和她们就玩到一起了,他教她们写字,她们给他做饭。在这日日的相处中,年纪稍大的秋容晓得了妒忌,进门看到陶生手把手地教小谢写字，她颜色更变，她的字写得不如小谢，她会羞惭出泪痕，暗里叫陶生不要教小谢。这是风情，但有限，在她们的不自知、不解中，媚得相当动人。

接下来，该看娇娜的娇了。娇娜是《娇娜》的焦点，其余人事都是她的旁衬。孔雪笠，初时是个不解风情的书生，一个弹琵琶的婢女香奴，已足够吸引他的注意，皇甫公子愿帮他择偶，他说就要香奴这样的，公子当然笑他少见多怪，况且，香奴是他们家老太公离不得的人。孔生病了，胸口肿起一个大痈，痛苦呻吟，皇甫公子说，他妹妹娇娜能治。娇娜来了——一个十三四岁的少女，娇波流慧，细柳生姿——他马上忘掉了他的疼痛。少女走到床边给他诊视，吹气如兰，随后笑说："宜有是疾，心脉动矣。"——是该得这病，心脉动啦！她给他做手术，割腐肉的时候，他简直怕她割得太快了，不能多这样依傍一会。可是她很快就做完了，把口中吐出给他敷过患处的红丸又咽回口中，说一声："好啦！"疾步走出。孔生病愈，可是他从此患上心病。皇甫公子说给他做媒，他答以："曾经沧海难为水，除却巫山不是云。"可是，娇娜年纪太小了，公子说，他介绍他的姨姊松娘，其美丽与娇娜不相上下。在花园里，孔生看到娇娜与松娘一起走来，她们果然有着同等的美貌，他高兴极了。看来，孔生是一个很能调适自己心态的人，他与松娘携

从此,娇娜的形象便经常在孔雪笠的脑海中出现,赶也赶不走,常常因此废寝忘食。
《娇娜》,蒲松龄原著,莫可智改编,张令涛、胡若佛绘画,陈冬至封面设计,天津人民美术出版社,1980年。

手入洞房的时分,他也快乐得疑心自己置身广寒宫殿了。一般说来,这样的出场安排,应是层层推进,松娘才是最主角,可是这里,不。美丽而贤淑的松娘硬是没给我们留下什么印象。她成了孔生的妻子,可她是娇娜的陪衬。有人说,如果你同时爱上了两个人,就选后面那一个,因为,如果前面那个足够好,你是不会分心的。此说似乎有理,但它忽视了"喜新厌旧"这一基本人性,这样比,是不公平的。松娘的美丽,足以令孔生一见就认为可以取代娇娜,可是,红白玫瑰的格局也顿时形成——他娶了她,她就输了,他更爱他没娶的那个。虽然孔生正派、忠厚,与她恩恩爱爱甚至如

孔生向娇娜拜谢当年治好毒疮的恩德。娇娜笑道:"姐夫现在是贵人了,疮口已经愈合,还没忘了疼啊?"

胶似漆,但夫妻之间,怎么亲密都是正常,难得动心了。相反,他与娇娜的情形,倒很让人吃醋,他俩的情势经常游走在一拨即乱的弦上。

婚后再见到娇娜时,她是这么笑着对孔生说的:"姐夫贵矣,创口已合,未忘痛耶?"这话真是直捣心窝啊。原著没写孔生心里怎么想,你说他怎么想。胡若佛倒是画了:娇娜,她一脸无邪地笑看孔生,孔生,结舌了,唯有作揖。此时已经几年过去,娇娜不再是那个垂髫少女,她盘起了发髻,她已为人妇。她的媚,稍大于少女的娇,但必须是纯情的媚,过犹不及。她与孔生是站在圆桌的一边相见,松娘,她坐在另一边,从画面上看恰好居于他俩的中间。松娘抱着孩子,她梳的是倭堕髻,歪向一侧,吊着钗环,她的两丝媚眼正看着娇娜说这句话,而神情是完全没有嗔怪的。娇娜的无邪、孔生的无辜、松娘的无心,他们三人达到了一种平衡。回头一笑,百媚俱生;未免有情,却不越礼——这种情形不少吧?最美就在心动的一瞬间,但不可说,一说就错了。当最后蒲氏将娇娜明确定位为"腻友",就是过了。平常似有若无、偶尔惊心动魄,是这种情感的特征,当大难来临,孔生舍身救下娇娜,娇娜悲痛地哭喊:"孔郎为我死,我何生矣!"——此时,这种情感到达顶点,但仍不突破界限,娇娜在众目睽睽中以舌将修炼多年的红丸度进孔生之口,第二次拯救他的生命,让人感受到的唯有圣洁。而劫波之后,蒲松龄让失偶的娇娜跟随孔生夫妇一起生活,并说羡慕他得"腻友","色授魂与,尤胜于颠倒衣裳",他安排的这种格局,天长日久却会使这种情感走向湮灭。本来,它是只适宜短暂存在于一个非物质的领域中的。

2013年4月5—8日一稿  
2013年12月20日二稿

## 情魔之劫

《封三娘》的文眼,在篇末封三娘的自述,也屡屡被人引述:"实相告:我乃狐也。缘瞻丽容,忽生爱慕,如茧自缠,遂有今日。此乃情魔之劫,非关人力。再留则魔更生,无底止矣。娘子福泽正远,珍重自爱。"这段话是对范十一娘说的,说完,她就与她永别了。

一只狐狸来到人间。她可能有所预感,有一段情缘在等她;但始料未及的是,等着她的,是个女子——"范十一娘,城祭酒之女,少艳美,骚雅尤绝。"七月半上元节,水月寺中作盂兰盆会,游女如织。范十一娘在随喜之间,发现有个女郎亦步亦趋地跟着她,欲言又止的样子。她也就仔细地看了看她,原来是个绝代美人,一点也不亚于自己,顿时非常喜欢她,转用深情的目光凝视,两人遂微笑交言:她是封三娘,她是范十一娘。她俩初次相见,就彼此爱慕,难舍难分。情爱之事,就是这么诡异。范十一娘美名在外,她的追求者多如过江之鲫，谁也不曾动她的心，让她突然一下爱上了的，是在路上碰到的这个封三娘；封三娘呢，也是忽见范十一娘的美丽，即堕入情网，从此"如茧自缠"，直到最后修炼多年的道行一朝尽废。什么样的概率，使她偏偏碰上她，她俩偏偏碰到了。事先不能防备，只在目光交会的一霎，已深陷其中不能自拔。这是劫数吗？假如在开始的时候就明白告诉她俩，这是劫数，快离开对方，她们也一定不肯。她爱她，她也恰好爱她，两人又都那么美——情不知所起，一往而深——谁舍得放弃？

两个女子要好，是可以的吧，只要外人粗枝大叶一些，把其中分明有异的地方忽略掉。范十一娘久等封三娘不至，竟会相思成病，或许只是闺中少女长日无聊，盼望有个女伴，何况封三娘是那么出色的女伴，她说来又不来，范十一娘就被悬吊起了。封三娘似乎有过退缩，过很久，还是忍不住来了，她的说辞也很冠冕：范十一娘是富家千金，她是贫贱之女，两家并无亲戚关系，来往会招致闲言。两人互诉衷情，她也泣下如雨，叮咛范十一娘要保密，因为"飞短流长，所不堪受"——女子跟女子，有什么可飞短流长的呢？这句话触及了两人相处的本质，模糊着听也就罢了。每当有人来的时候，封三娘就躲到帐幔后面；有一天两人正在下棋，范十一娘的母亲悄悄进来，她见三娘人材出众，非常高兴，说真是我儿的良友,这有什么好瞒着的?此时封三娘却羞晕满颊,默然不语,超出了一般怕生羞涩的程度,仿佛是秘密被人撞破。她俩的秘密是什么呢?两人要好得形影不离,衣服鞋子换着穿,夜间也睡在一起,等婢女睡熟了,还共一个枕头去。极尽亲密,只盼外人都不及她俩的心窍,不知她俩在做什么。情爱,离经叛道,越禁忌越销魂,因为一场爱恋中所包含的绝望,恰与它所挟带的激情等同。别问,为什么偏偏她也是一个女子,难道她不好吗?难道这不好吗?两具同构的女性身体,厮缠得毫无结果,却又充满意义。

厮守,唯一的愿望就是天长地久,但这太难,近乎不可能。封三娘是修炼的狐仙,久抱独身之志;范十一娘却是凡间女子,她肯定要婚嫁。封三娘为她作计,觅一良匹,她挑中的人,是一个叫孟安仁的穷书生。她劝范十一娘勿以贫富论人,说她有相人之术,看准此生是翰苑之才。这里,封三娘的论调有些自相矛盾,既然不以贫富论人,孟某将来是不是会做翰林又有什么相干,这不就是她批评范十一娘的,"堕于世情"的眼光?要超脱世情,婚姻中有爱才是天堂,就如她俩所共度的那些良辰,谁稀罕什么翰林。范十一娘本是官家小姐,她知道贵夫人的生活有多沉闷无聊。她也没有爱上孟生,只略微看他一眼,未觉其殊。往后面的情形看,孟生其人,也确实不怎么样。他白天碰见两位美人,晚上正胡思乱想，突然封三娘进来，他来不及细看究竟是哪一位，就喜出望外地迎上去拥抱。封三娘解释说不是毛遂自荐，而是为他与范十一娘做媒，他也同样喜不自禁。在他看来，只要是美女，哪个都可以，普通男子的灵魂真的粗疏，哪像一般女子的心思那么精致、细腻、优雅，爱上了一个人，只觉他（她）的身影、容颜、神情，每一个细微之处都那么独特而有韵味，无人可替代。女子移情较为不易，盖因于此。男子若不能体会到这一点，那他还真不如两个女子能够彼此心有灵犀，惺惺相惜。女性对情爱之事的理解也是相似的，她们想要什么，男人不懂得。

孟安仁在开头对两女的态度，也预示了最后他在范十一娘的授意下对封三娘的占有。这行为很卑劣，可以因此评价他的操守。无可无不可，最好皆可，从他与她们相遇那一天起，双纳二女就是他的美梦。他似乎达到了目的，他以为享到了齐人之福，其实绝不是这样，是范十一娘意图以此来留住封三娘，以二女共事一夫的假象。两个女子，谁也不爱他，是她们俩在相爱，以他为世情的表象。结果谁都错了。对于身陷爱情中的人，这也难免：以为那样做是对的，其实错了；或明知那样做是错的，却忍不住。封三娘、范十一娘、孟安仁，莫不如此。结局只能是封三娘道出实情，永远离去。她已修炼到最后关头了，倘若不是被范十一娘灌醉、被孟生玷污，今天就是她得道升天的第一日。命啊！她说，妹子害了我了，但这一切都是命。自她来到人间看到范十一娘的那一刻，她就已堕入了命中的情魔劫数。

封三娘是功亏一篑，而范十一娘，自从遇见封三娘，何尝不是吃尽了苦头？假如她不遇见她，以她的美貌与出身，总归能嫁到一个如意郎君，但封三娘为她开启了另一扇门。封替她做主，把她的金钗拿去交给孟安仁作为信物，这金钗本是她送给三娘的。孟安仁求婚，她母亲根本不与她商量就直接拒绝了，她的委婉表态又使得父亲震怒，应许了某权贵的求婚。母亲怨，父亲怒，金钗要不回来，孟生那边无可设法，设下这难了的结局的封三娘又再不出现……苦啊，范十一娘！况且她根本就不爱孟安仁。金钗在他手，她难嫁他人，在绝食多日，迎亲队伍逼来之际，她揽镜妆扮后自尽了。入葬之后，封三娘去找孟安仁，两人趁黑夜掘墓破棺，将范十一娘背出，喂药使她苏醒，她就此成了孟生的人。还不敢安居，躲到遥远的山村，直到数年后孟生果然官至翰林，去拜见岳父具道前情。相认之后仍然不敢声张，因为当年许婚的权贵仍在，要再等到这权贵被充军发配别处，范十一娘才敢回娘家探亲。人们又会怎么议论这事呢？一个死过的女儿，又莫名其妙地嫁了人，虽说夫贵妻荣地回来了，前面那段也难得被人忘掉，而这婚姻，究竟带给了范十一娘多大的幸福也存疑。——假如，一开始就告诉她：你认识封三娘，是你的劫数。你将要经历生命中最甜美的感情，随后，你将要经历犹豫、为难、责骂、逼迫、绝望、死亡、黑暗、恐怖、穷困、流离失所以及无爱的婚姻……问她还敢吗？而且她与封三娘最终要分离。先前，当她还是闺中少女，封三娘曾离去过一次，当时范十一娘倒在床上痛哭，如失伉俪。

设问都是在过后了，在当时，在开始，并没有选择。爱是一场突袭。太美了，忍不住。

她俩的情，起源于美。"……明知毁灭将伴随而来，却无力自拔，乃至堕落到'情魔之劫'，导致'魔更生，无底止'。我觉得，这才是《聊斋》中最可怕的一件事，不在鬼狐，或是精怪，可怕的是情的鼓动，不知所以，没有原因，却'如茧自缠'，把自己卷入了一种连自己都不能控制的、入魔的状态里。这非常可怕，却也很美，相比之下，现实的功名、利禄皆可以捐弃了，算不得什么，假定人的一生中可以一睹那种美，死亦不足惜。"——我看到的一段对《封三娘》的评语，于我心有戚戚焉。

2013年9月21—28日

# 阿绣家的杂货铺

1894年，慈禧六十寿诞。百官进献的各色古玩珍宝，都没什么新鲜了，唯独红顶商人徐润组织名家绘制的一套《聊斋图说》，令她爱不释手。看连环画，给大清国老佛爷添了点人味儿。《聊斋图说》为全彩画册，木板装帧，绢本设色，封面封底以织锦装裱，1900年曾被沙俄侵略者掠走，后归还，现藏于国家博物馆。读关于它的介绍，我特别想看《阿绣》那一幅："原著仅写刘子固爱上杂货店里的姑娘，假托买扇子与她搭讪，杂货店的具体陈设文中只字未提。在《聊斋图说》里却可以看到阿绣经营的杂货铺。如此形象的店铺门面和细节，全凭创作者对生活的细致观察，才能一一绘制出来……"

我喜欢杂货铺，但它行将消失。近些年，超市的压倒性竞争，拆迁的大规模征伐，使它濒临灭绝。自从有超市，不少杂货铺也嫌自己土了，再小的店面也改叫超市，变了形式。临街的一排排门店，迟早都要拆掉，改建星光大道，那些小店如果想继续存在，可能是在 Shopping Mall 里租一间格子小铺。那种精致小铺，不见天日，不接地气，里面卖的东西和它本身都欠缺质感。杂货铺不一样。它是砖瓦构建的，扎实的，卖的货品是天南地北的，江河湖海的，泥土味的。有些生活用品，超市与精品店都漏掉了，它这里有。杂货铺是一种从前的日子，正在远去。比它更弱小的杂货摊，更是在挣扎求存中，小摊贩们每天与城市管理者打游击，支持他们的，是市民的切实需求。

《阿绣》的故事，是从杂货铺开始的，所以它很有生活实感。一个十五岁的少年刘子固——他的名字也起得这么扎实，到外地舅舅家去——旧时人们常有亲戚来往，人情淳厚。刘子固在街上闲逛，看到一间杂货铺里有个姑娘，长得秀丽婉妙。他走进她的店，说要买扇子，姑娘就把她父亲喊出来接待。刘子固很扫兴，挑选一阵子，没买，出了店，远远望见她父亲出去了，他又进店，姑娘要再去找父亲，他说："不用，你说是什么价就行，我不还价。"姑娘听他这么说，就故意把价钱抬高，他取出钱串如数付给就走了——他大约是买了把扇子。第二天，他又去她的店，情形差不多。他走出店，姑娘叫他说："哎，你回来！价钱太高了，骗你的，没有那么多。"还了他一半钱。从此刘子固天天来，瞅着她父亲不在就进店买东西。他大概在附近等着的时候，听她父亲叫"阿绣"，从而知道了她的名字。那一刻，他心里一阵甜，她叫阿绣——可能是女孩子都要绣花，所以她叫阿绣；也可能是她父亲卖的杂货里多有绣花线，就叫她阿绣。她叫阿绣很恰当。她家开一爿杂货铺，也特别合适。阿绣平时总在这铺子里，帮她父亲守店。她的人那么好看，嵌在她的门面里，让人想进来看看，买点东西。

那一段日子，应是春日迟迟的好天气。刘子固十五岁，古时的少年，如果家境不错的话，也总得读书，难得出门。他上舅舅家闲住，遇见了阿绣。在一个外地的城镇住一阵子是有意思的，街巷新鲜，日子跟在家时不同。他早上起来，上街去。街上的人都在忙正经营生，挑担赶路，摆摊卖货，他们忙的事情也都很有意思：担子里的青菜水灵灵的，摊子上的烧饼刚出炉，米铺开门了，他们的猫还在打呵欠，铁匠铺已经叮叮当当地在敲那些桶儿盆了……喧腾腾，有活气儿。前面拐个弯再走一段，就能看见阿绣的店。

阿绣的杂货铺是什么样子呢？她卖的是日用百货，包括有花巧闲情的一类，刘子固找她买了扇子、手帕、胭脂、香粉等物。想她店里肯定满登登摆放着瓶瓶罐罐，篮子，簏子，箱子，匣子，没有顾客时，她拿块布这里揩揩，那里抹抹，逐次挪动这些瓶罐再还原，收拾得干净整齐；有顾客来了,她就叫她爹出来招呼,她坐到一旁绣花。小门小户杂货铺家的女儿,日子过得挺有意思。门前就是街,人来人往的景致嵌在自家门面里,一天到晚地流动,她晓得街上的事。有熟客来了,她也可以接待,跟他聊几句,比如最近天天来的这个少年。她问他:你叫什么,住哪里?他如实回答,也问她的姓氏,她答:姓姚。他天天来,买些用不着的东西,是个什么意思,她也明白了几分,但话只能说到这里。小户女儿,有活计做,见得到人,有人追求。心思慢慢想着吧。

刘子固一连半个多月总去那家杂货铺,他的仆人搞懂了他在想些什么。那应是位有点年纪的仆人,非常有责任心,暗里跟他舅舅说了,商量着让他回家去。舅舅立即安排了,要控制他的早恋,刘子固只好回家。他从阿绣那里买来的许多东西,他都秘密地收在一个箱子里,每晚夜深人静,他一样样拿出来看,回想她当时说了些什么,做了些什么。有一次他买了一盒粉,阿绣给他用纸包起来,包到最后的那个尖儿,她用舌头舔舔,粘上了——他特别爱她这个旖旎的动作,舍不得撕开这个尖儿。几年后他们新婚,他把箱子打开给她看这些原封未动的东西,都是她当初卖给他的,撕开这个纸封,里面却不是红粉,是红土。阿绣哧地笑了,这一包是她捉弄他的,因他买了东西从来不看看,结果他真的就没发觉。真是个痴郎。可是痴郎曾经对着这些东西独自怀想，度过了多少好时光。

那真是他最好的时光，比他之后在异地巧遇"阿绣"，夜夜与她幽会，持续月余，更有味道些。刘子固是个老实孩子，他相思日久，突然巧遇心上人，喜出望外，不及多想，她说怎么办就怎么办了。他也毕竟年少不更事，丝毫不起疑心，这个少女阿绣，怎会如此主动、大胆、老练，且来去自由。还是他那个尽职尽责的仆人，发觉有异，留心探访，再来跟他谈话。仆人说，那不是阿绣。她的脸色太白，面颊稍瘦，笑起来没有酒窝，不如阿绣漂亮——我的天，他怎么观察得这么清楚，超过刘子固——再说，哪有隔了几年，身上穿的衣服还一模一样没换过？刘子固一想，对呀，也紧张起来，说：她说西邻是她表叔家。仆人说我都打听过了，东邻是个孤老婆子，西邻家只一个幼子，别无亲戚，这女子每夜自来，非鬼即狐。刘子固害怕了，惶惶无主。还是忠心耿耿的仆人有主意，他持刀埋伏，等那女子再来，他冲出来捉打。商议已定，假阿绣再来，谈笑自若，命令那忠勇之仆把刀放下，拿酒来，她要与公子话别。她笑着轻抚自己的脸，说我虽然不是阿绣，可是自认也不亚于啊，等到你花烛之夜，我再来跟你的新娘比比谁更美。刘子固汗毛直竖，大气不敢出，看她出门走了。

假阿绣是狐狸,但她确无恶意。蒲松龄的设意,说狐狸爱美,想变成阿绣的模样,这有点牵强。连阿绣的男友她也要岔一脚,却没人说这不合适,如果只是爱玩,那她也太顽皮了。她从战乱中救出真阿绣,并指路让她与刘子固重逢,这当然要感谢;但其他事情,说阿绣不耿耿于怀也不合情理。阿绣的郎君,给她先占了,后来她还不时回来,在真阿绣要进卧房之前先进去,与刘子固绸缪一番,假意问他:"你看我跟狐姊谁更美?"刘子固捧着她的脸答,你更美。她得手了,笑着离去,随后真阿绣才进来。——狐姊,给你烧香,请你走吧。不管你喜欢做什么,希望你不要变作我的模样,从前你与刘郎幽会的时候,我明明是规规矩矩地待在家里。

我喜欢《阿绣》的生活气息。阿绣的衣服,不会穿了几年不换,这个细节令我玩味,阿绣有几件什么花色、什么样式的衣服、裙子?穿旧到什么程度,她才不穿了呢?她家的铺子临街,洗过的衣服用竹竿挑着,晾在街的上方。衣服晾晒在阳光里,是我爱看的情景。沿街一溜都是店面,也有集市,走在路上顺便就把东西买了,提着回家。这都是一砖一瓦、一针一线、一蔬一饭的日子,我们如此这般地过了几千年,为何非要推倒重建。规划得过分整齐划一的城市,会把真正的日子漏出去。想那慈禧,坐在无比规整、富丽堂皇的皇宫里,她事实上没有日子可过。她在图画上观看阿绣的店,琳琅满目小百姓的生活,也一定深感有趣,不忍心写下个"拆"字。

           2013 年 10 月 9 — 11 日

## 狐狸都姓胡

世间有胡姓，故狐狸成精修成人形，多自称姓胡。《聊斋》里一篇《胡四娘》一篇《胡四姐》，胡四娘是人，"娘"是端素的；胡四姐是狐，一个"姐"字难掩其媚。《狐谐》里的书生万福娶的狐娘子，谈吐诙谐，吸引了一班酸秀才经常来万家聚集，但除了万福，谁也看不见她，他们只能听她说话逗乐，俨然一个文艺沙龙，或太太客厅。这个沙龙好不热闹，那位隐身的狐娘子，变着法儿骂那些秀才是"狐狸儿子"、"狐狸孙子"，乃至犬、马、骡、龟、鳖……她嘲弄甲的时候，乙丙丁就哈哈大笑；戏弄丁的话，还有甲乙丙，总归是笑声不断。学识渊博、口齿伶俐、又惯于操纵场面的沙龙女主人，不愁没有受众，越是被她损的人越肯捧她的场，双方心里都好生受用。这篇，我不甚欣赏，那些诙谐段子品位都不高，把它们集中到一起专门写"幽默"，效果不佳，还不如随处自然的妙趣。如另一篇《荷花三娘子》，某秀才在野外田间偶遇一狐女，诘其姓氏，她答曰："春风一度，即别东西，何劳审究？岂将留名字作贞坊耶？"这话尽管说得放荡，但颇有风趣，可谓口角生风，一个风骚妇女的形象马上立起来。

狐女来到人间，多半很受欢迎，不管品性如何，总有男子爱她。狐男的处境则差很多，男人们的妻女，岂容他们染指，偶有得手的情况，文章就说是某妇人被狐精所迷，她的家人想方设法要驱逐狐精，最后这被玷污了的妇人，也往往死了干净。如《贾儿》，那个商人的儿子，才十岁，心计过人，他家中狐精作祟，其母迷了心窍，他用计把狐狸一窝端掉。这当中，他买条假狐狸尾巴挂在自己身后，跟狐狸搭讪时掀开衣服微露示之，说自己也是同类——这孩子，好厉害！狐狸都被他骗过，喝下他赠送的毒酒。

《聊斋》里写的众多的狐面貌各异，无一雷同。青凤、娇娜、婴宁、小翠，她们是美丽善良的狐，与人发生情缘，或乐于助人成人之美。有些狐虽不美，待人也颇有情义，倒是那些自私的男子辜负了她们，而他们会为此付出代价，如《丑狐》中丑狐所言："情义既绝，受于我者，须要偿也！"也有胡闹的、害人的狐，这可视为狐性饱满的构成，人都有坏的呢，何况狐？还有些狐与人的相逢是偶遇，在短暂的交道中，映照出人的品格。《雨钱》中的狐翁，应书生之请，在他的密室中下起雨钱。随后这些阿堵物化为乌有,对书生的怨言,狐翁愤然曰:"我本与君文字交,不谋与君作贼!便如秀才意,只合寻梁上君子交好得,老夫不能承命!"《郭生》中那个始终未露面的狐狸,给穷乡僻壤无人指点诗文的郭生当老师,他写得不好的地方,狐狸都用浓墨涂污,渐渐进步之后,狐狸改为圈圈点点,一路指导他入试考中。而郭生渐渐自负起来,不再相信和感谢狐狸,谦受益满招损,他与狐狸的交情和他的前途都就此止步。

写狐的若干篇中,《胡氏》写得别开生面,轻松幽默。一只狐狸爱上女子,求婚不遂,带领狐兵来袭,最终人与狐化干戈为玉帛。

一个大户人家,聘请了一个自荐的秀才当塾师。秀才自称姓胡,学问渊通,授业良勤,主人很喜欢他。但他爱溜出去玩,动辄深夜才归,家里关门闭户的,他根本不敲门就已经人在屋里了,大家猜出他是狐狸。主人比较豁达,仍然器重他,虽然是狐狸,他是位难得的好塾师。狐师施施然已久,忽尔看上了主人的女儿,屡屡示意求亲,主人假装不解。一天狐告假离去,次日便有客来访,是位五十余岁、衣着考究的老先生,骑一匹黑驴,他特来为胡公子提亲。主人沉吟良久,开口答道:"仆与胡先生,交已莫逆,何必婚姻?且息女已许字矣。烦代谢先生。"——哈!就有这种善于辞令的人，把明明是不合逻辑的话，讲得振振有辞：我与胡先生是好友，好友还何必要结亲呢？这是什么话嘛，好友不必结亲，难道冤家才该结亲？反正他说他有理，他随便拎一句话来作为理由，听起来还挺圆转。再说我女儿已许人啦，他又说。客人说，我们确实知道，令嫒尚未定亲，为什么要拒绝我们呢？他再三说项，主人再三不肯，客人忍不住说了句直话："胡亦世族，何遽不如先生？"——我们胡氏狐狸，也是世家大族啊，哪点配不上您？主人也就直言不讳地回答："实无他意，但恶非其类耳。"这句话得罪了狐狸，客人变了脸，伸手来抓主人；主人也叫家人拿棒子来打他。他跑掉了，他的大黑驴还在，尖耳朵，长尾巴，好一个庞然大物，牵它不动，驱赶，它轰然倒地，原来是一只嚶嚶叫的大蝈蝈。

　　主人料到狐狸不会甘休，果然，第二天，他们来了。好大一批狐兵，有骑兵、有步兵，有的操戈、有的持弓，人喊马嘶，大举进犯。主人不敢出门，狐狸们扬言要烧屋。家中身强力壮的人率众冲出，两下里短兵相接，各有损伤，狐兵渐渐败退，纷纷离去。地上有他们遗落的兵器，捡起来看，锋利的钢刀原来是高粱叶。忽然又有一个巨人从天而降，挥舞大刀，见人就砍，众人用乱石击倒他，定睛一看，他是一个大草人。狐狸啊，妖精！这场仗打得非常动漫，真人跟动画片干起来了，虽然没输，但也没赢。狐狸闹了一个多月，有时来，有时不来。主人上厕所时，有狐兵张弓搭箭，射向他的臀部，拔出来看，是蒿梗。虽说没什么杀伤力，每天处于战备状态也十分苦恼，人不比狐狸，没有正经事做，可以成天胡闹。狐狸多快乐……你们看着人的生活觉得好玩儿是吧，所以你们来。

有一天，胡公子带领着众狐来了。主人望见他，他就躲起来，主人招手叫他，他不得已只好出来，与老朋友相见。主人握着他的手，邀他进屋，摆酒款待，侃侃而谈，晓之以情动之以理："瓜果之生摘者，不适于口……"这文绉绉的话就等于当今的俗话：强扭的瓜呀，不甜！胡公子是位饱读人间诗书的狐狸，恰好具备接收人间正道的领悟力，被说得十分惭愧。主人又大度地说，我俩交情如此之好，虽然我的女儿不能嫁给您，但我那个正在跟着您读书的小儿子，已经十五岁了，如果不嫌我们尘世污浊，倒是愿意给你们家做女婿，只不知有没有合适的对象呢？胡公子听了，心中欢喜，说他有个妹妹，年纪小一岁，"颇不陋劣"，愿意嫁过来"以奉箕帚"。如此，就说定了这门亲事，两人把酒言欢，尽释前嫌，再扩大酒宴的规模，款待胡公子的随从众人，至夜方散。从此，狐狸不来了。

过了一年多，他们也没再来。大家疑心说定的亲事是个谎言，但主人坚持等待。又过了半年，胡公子果然现身，说他妹妹已经长成，来择定吉日婚期。大婚之日，胡公子带着他的弟弟，送来了他们的妹妹，奁妆非常丰盛，新娘非常美丽，真是一件大喜事！从此胡公子常来常往，人们经常看见他，只不知他还惦记着他喜欢的女子否。

这场离奇的人狐之战，中间发生了奇迹般的转折，以人的大获全胜告终。可是狐狸却完全不觉得自己是赔了夫人又折兵，反而乐颠颠的，忘记了自己的初衷。为何？因为胡公子遇见的，是一只人间的老狐狸。

2013 年 10 月 4—5 日

# 前世也非假

有一本书,叫《醒世姻缘传》,是清代顺治年间一个自称"西周生"的山东人写的长篇小说,一度有些学者认为,他就是蒲松龄,近年学界较通行的看法认为不是。他的身份、立场、政治观念等等,都与蒲很不相同,我仅从文字风格判断,也认为绝不是同一人。之所以有这么一种说法,是因为《聊斋志异》中的《江城》一篇,与《醒世姻缘传》的情节非常相似。我猜这两位作者或许彼此认识,他们知道一个大致相同的故事内核,然后,在他们笔下各自衍生。

《醒世姻缘传》传统上被归类为世情小说,胡适、徐志摩等人都对作者的写实手笔赞美有加,并预言,将来研究17世纪的中国社会风俗史、教育史、经济史,研究当时的政治腐败、民生痛苦、宗教生活等等,都必定要研究这部书。书中的生活材料,确乎非常真实且活灵活跳,比如一个小财主请地方官吃饭,菜谱是这样的:两碗摊鸡蛋、两碗腊肉、两碗干豆角、一尾大鲜鱼、两碗韭菜烩豆腐、两碗煎的藕、两碗肉胙、鸡汤、锅饼、大米薄豆子——"各自醉饱"。看得人稀罕，这是十分豪华的宴请了，但又极其朴实，那时候人们的日子，是这样过的？哪里像当今中国的豪宴，穷奢极欲，暴殄天物，作孽。

而学术研究发展到当今，对《醒世姻缘传》也生出新看法，它，是一部"虐恋小说"，且称得上此中之冠。"虐恋"一词源自西方，在20世纪40年代由潘光旦先生创译，但在国内长期未引起关注，直到2002年，异峰突起的社会学家李银河出版《虐恋亚文化》一书，方才引起巨大反响。由这一理论体系来观《醒世姻缘传》，它居然十分符合，胜于作者自己给出的前世冤孽、因果报应的解释。

前世，本是一次一见钟情的遇合——修炼多年的白狐仙，猎场上遇见晁源，不由痴情自炫、殷勤顾盼。晁源也见色生爱，想入非非。正当此时，苍鹰猎犬逼使白狐仙显出狐狸本相，狐仙钻入晁源马下，希图他救护。不料，晁源一见美女变白狐，爱意竟然化作杀机，他毫不犹豫地将白狐仙一箭射死，还让人将狐皮剥下，用作鞍上坐褥——就此，结下冤仇。命债，晁源不久就偿还了；情债，却要留待下一世的果报，这就是后世的狄希陈在婚姻中受尽薛素姐凌虐的前因。

《江城》里没有叙述前因，就从高蕃与江城的一见钟情

过了好几年,有一次,高蕃外出游逛,在一条窄巷子里看见一位小姐,长得非常漂亮,身边跟着一个小丫环。仔细一看,原来小姐正是江城,高蕃又惊又喜。
《江城》,蒲松龄原著,苗杰改编,贺成绘画,江苏美术出版社,1984年。

开始。他俩小时候是认识的,两小无猜地玩过几年,后失散。有一天,高蕃在一条狭隘的巷子中,遇见一位女郎。他不敢直视,而她停步注目,想说什么——原来她是江城!彼此惊喜,相视呆立,又不能交言,恋恋不舍地移步走开。高蕃故意掉落自己的红手巾,江城的小丫环高兴地捡起来交给她,江城纳进袖里,换出自己的一条手巾说,高秀才不是外人，捡了他的东西要还给他。小丫环就追上来，把手巾给高蕃。高蕃得了手巾，就去托媒迎娶，好了，他俩就这样毫无波折地成了一对儿，开始他们惊涛骇浪的婚姻生活。

细读《江城》，确能体察出其中的矛盾之处，这对小夫妻一方面"相得甚欢"，一方面高蕃又受尽江城的虐待，从旁人，尤其高蕃的父母的眼中看去，他的日子苦不堪言。他被江城打骂得不堪，会慌慌张张如同一只受惊的鸟雀一样，逃到他的父母这边来，而江城拿着棍子追来，当着公婆的面，不顾公婆的哭求，抓住他重揣几十下，才悻悻而去。这还是她已经被休回娘家去过一次又回来之后的事。照理这样悍妇被休回娘家，她丈夫该额手相庆才是，可是高蕃舍不下，三五天就要偷偷跑到岳丈家去住，小两口的感情似乎好得很，江城的父亲也是以此情去央求他的亲家翁，说高蕃常来跟江城一起，并没说过什么不满意妻子的话。所以高蕃的父亲只好答应把江城接回，她回来后变本加厉。高父把儿子赶出去，说：你自己愿意的，逃什么！两下分开过，高母又怕儿子被媳妇折磨死，每天送饭过去——儿女都是讨债鬼，爹娘一日不得安宁。高母把江城的父亲叫来，让他管教女儿，他百般劝诫开导，江城却恶语相对，直把她父母都气死。从此，这个休不掉的媳妇就长久地折磨高家了。

高蕃往常和婢女调笑，江城疑心他和婢女有私情，就拿把剪刀要剪丈夫肚皮上的肉，吓得高蕃哇哇直叫。

不知何种原因，蒲松龄有个悍妇情结，"家家床头有个夜叉在"，他这样说。《马介甫》里的尹氏，确是个母夜叉；而江城，既悍又妒，刁钻、毒辣、肆意、残酷，却并不给人以悍妇的感觉，这是因为她很美？她艳美绝俗，风致万端，她的形象似乎是在对高蕃的百般凌虐中得到饱满的。本来我也不理解，为什么这样一个美人儿，是这种心性，每天以折磨丈夫为快。高蕃又跟她很登对，仪容秀美，谈吐风雅，为什么两人过的是这种日子呢？"虐恋"，这个词确实如一道亮光，把一切都解释清楚。

江城有个二姐，性子跟她一样，都以管制丈夫为乐，她俩十分要好，所以两位惧内的连襟关系也相当好。有一天，二姐夫请高蕃来家中喝酒，嘲笑他说：你怎么怕老婆到这个地步呢？高蕃笑答道："这世上的事情就是难说，我怕她，是因为她很美，有的人呢，老婆不及我内人漂亮，却也怕得跟我一样，这实在很难理解！"哗，这高蕃的口才着实了得，令二姐夫无言以对，唯有羞惭。可是，这话给二姐听到了，她持棍而出，劈头盖脑打向高蕃。高蕃回到家里不敢讲，给江城问了出来，她当即持棍赶到二姐家，把二姐打得屁滚尿流。"人家的男子，要她来打！"这是江城的理论，这与方才高蕃的妙论合起来，恰好解释了他俩婚姻的实质，只是蒲松龄自己没懂，虽然他写得如此周详。高蕃说的是大实话，不是他口才好。他，其实是乐在其中的。事情就是这么恰好，她是施虐狂，他是受虐狂，两个正是比着葫芦画的瓢！

这是个性取向问题。有特殊性向的人，他们会彼此寻找，在碰到时互有灵犀，释放出某些信息告诉对方：我就是你要找的人。普通人不理解，也注意不到。不解个中滋味的蒲松龄就让佛来渡了江城一渡，使她幡然悔悟，从此她敬爱丈夫，

高蕃于是亲自点了灯来。一照,原来不是陶家媳妇,而是江城,吓得浑身发抖,连手里的灯都拿不住,掉落在地上了。

侍奉公婆,贤惠无比——可能也顿时乏味无比。那和尚对江城念的几句偈语,不知所云:"莫要嗔,莫要嗔!前世也非假,今世也非真。咄!鼠子缩头去,勿使猫儿寻。"这不知所云的几句话一念,加上清水一喷,江城顿时变了个人。

从前其实别有滋味,像高蕃想勾搭陶家妇那一次——他央人拉合,被江城截住,江城到了晚间就扮作陶家妇,走进吹灭了蜡烛的房间,听挨坐在她身边的高蕃对她絮絮地诉说思念,她只一语不发。高蕃暗中摸索她的小脚,说最念念不忘的就是这;又说夙愿今日得遂,怎能不照面呢?他去取了灯烛来,一照,是江城,吓得灯烛落地,人也一下长跪不起。江城提着他的耳朵把他拎回去——他就等着这一夜她怎么收拾他吧。他俩在这过程中,颇有一种做戏的兴致和激情,这是他们婚姻中不可缺少的部分。江城还常常把饼丢在尘土里,赤脚踩踏一遍,再叫高蕃来吃,做到这个地步的,非一般人!

　　蒲松龄是怎么写出这个故事来的?他在篇末说,是一个叫王子雅的人详细告诉他的。可能,那个叫西周生的人,也听到了这个故事,但,他是懂的,他把这个故事里蕴含的隐秘意味都领会了,只是,他也不太认得清它,或是不敢。从而,他实际上写得淋漓尽致的虐恋,沉潜在一个平庸的果报观念之下,掩藏在纷繁的世情世相之后。


　　　　　　　　　　　　　　2013年5月22—24日

# 以其人之道

婆媳关系,中国人家庭生活中的千古难题,蒲松龄为之写了一篇《珊瑚》。写过之后,他又将它改编成俚曲《姑妇曲》,名气很大。珊瑚是一个世间难觅的好媳妇,好比是"扬州的琼花,找遍天下无二朵",偏逢着个恶婆婆。但俚曲的开头也替婆婆说了几句话:——

【西江月】家中诸人好做,唯有婆婆极难:管家三日狗也嫌,惹的人人埋怨。十个媳妇相遇,九个说婆婆罪愆;唯有一个他不怨,却是死了没见。

婆婆当然难做。地位比媳妇高,有着欺压媳妇的天然态势,在形象上已经不讨巧,至于舆论,那更是众口难敌、几千年的沉积,若不是做得超乎寻常,轻易哪得翻盘。但婆婆自己也是从媳妇过来的,深知做媳妇的难处,若想赢得人心,只须将心比心。人只要一换位，就能纠正自己的偏差，当自己处在一个比例中项的位置，前后一比较，就什么都明白了。

《珊瑚》里的三个人物，分属三个极端：珊瑚是一个最好的媳妇，臧姑是一个最恶的媳妇，于氏是一个不识好歹的恶婆。三个极端在一起，肯定有好戏，蒲松龄是极会安排好戏的——恶婆婆，先给你个最好的媳妇，你不喜欢？百般折磨她，赶她出门。那再给你个最坏的媳妇，看她怎么治你。如此，于氏就识好歹了，回想前事恨不得自扇耳光。一个家庭里，三个角都这么尖，那么家里的另外两个人——于氏的两个儿子就都得是软弱人物，大成依附娘，二成依附媳妇，形成不同势力。两个儿子都必须不中用，否则三个女人的好戏就不能凸显，当然，他们也是必不可少的配角，同样不中用，也各自泾渭分明，先分后合。

于氏为什么不喜欢珊瑚？首先问题在她自身，她就是个难缠的人，凶横、心狠，又多年寡居，独自拉扯大了儿子——现在众所周知这种婆婆最不好处，谁嫁给她儿子，谁就是抢走她儿子的天敌。但坏人运气好，她家大成娶媳妇，娶得个陈珊瑚。男娶女嫁，古人是这么规划的，婚前双方又不兴见面，没有爱情作为最大动力去开启新生活。十几岁的一个女孩儿家，孤零零地嫁到别人家里去，合家上下，全是陌生人，他们看她也是陌生人，她处于绝对弱势。她自小,被父母当作掌上的明珠在珍爱,倾尽一切心血与所有去培育,从未受过一丁点委屈——如此千辛万苦养大个女儿,送给别人做媳妇,今后她要伺候丈夫孝敬公婆。至于她的丈夫会不会爱她,公婆会不会疼她,那要看运气了。女孩儿呀,你就凭着你的良好教养,你的温柔善良,你的吃苦耐劳去赢得他们的疼爱吧!但这个思路,也是老实人的想法,对于氏这样的人就行不通,在普遍的现实中也经常行不通。且看珊瑚是怎么做媳妇的:

【劈破玉】好一个俊媳妇风流不过,穿上件粗布衣就似蝉娥;又孝顺又知礼,一点儿不错。不说他为人好,方且是活路多:爬灰扫地,洗碗刷锅,大裁小铰,扫碾打罗;喂鸡喂狗,喂鸭喂鹅,冬里牡猪五口,夏里养蚕十箔;黑夜纺棉织布,白日刺绣绫罗;五更梳头净面,早早伺候婆婆……

她做得没法更好了,于氏如何?珊瑚早上打扮齐整了去向她请安,她说大成病了,都是你做出这种妖调样子勾引的;她除去了妆饰再来见,她又大骂说你这副服丧样子,是咒他死?说着就撒泼打滚,抽自己嘴巴,孝顺的大成见母亲如此,就用鞭子打珊瑚——是做样子呢还是真打,不得而知。从此于氏不跟珊瑚讲一句话，但处处指桑骂槐，日子过不去，大成也与珊瑚分居，终于写休书让人送她回娘家去。路上，珊瑚从袖中取出剪刀自尽，血流满衣，被人急救送到大成的一个婶娘家暂住。于氏还赶到婶娘家吵闹，不许她收留珊瑚，偏巧婶娘也是个狠人，针锋相对，她说："你已经把她休了，她是你什么人？我收留的是陈家女儿，不是安家媳妇，你管得了别人家的事！"于氏气得发疯又无话可说，大哭着回家，想给大成再找个好的。但她已恶名远播，再没人肯把女儿给她家，无奈几年之后先给二成娶了早先订下的。来的二媳妇臧姑，恰好是于氏的对头，一物降一物，天道存焉。蒲松龄写《珊瑚》的语言，虽是文言而非常活泼，绝不逊于说唱的俚曲，真是说的比唱的还好听：

> 二成妻臧姑，骄悍戾杳，尤倍于母。母或怒以色，则臧姑怒以声。二成又懦，不敢为左右袒。于是母威顿减，莫敢撄，反望色笑而承迎之，犹不能得臧姑欢。臧姑役母若婢；生不敢言，惟身代母操作，涤器洒扫之事皆与焉。母子恒于无人处，相对饮泣。无何，母以郁抑成病，委顿在床，便溺转侧皆须生；生昼夜不得寐，两目尽赤。呼弟代役，甫入门，臧姑辄唤去……

一句"母或怒以色，则臧姑怒以声"，已尽够形容婆媳二人的气势高低：婆婆的怒气还只在脸色上呢，媳妇的怒气已经出声儿了。可以想象她的声气，她眼里哪有什么婆婆？局面顿时逆转，于氏反过来伺候臧姑了，给她当奴婢，好脸好话讨她欢心。这不是极端个案，是世事本来如此：看谁老实，就把亏给他吃；看谁不好惹，就让着他些。——是不是？全天下的人都这么干，连父母对子女都是这样，越是有出息、对他们好的子女，越是做得不够，而那个最没出息啥都不做的，是最得父母疼爱的宝！呵着护着，什么东西都给他，倒过来照顾他。同理，或推而论之，天下的公理还有：做事的人，不如不做事的人。做事的不会有功只会有过，做得越多错得越多，不做就没有错。还有：能者多劳，看谁能干，就把事情都交给他干；看谁不行，就让他歇着。

来个臧姑，于氏晓得厉害了吧。二成被媳妇辖制住了，还好有个大成心疼母亲，做饭打扫等事他来包揽，才想起有珊瑚在的时候，这些事全是她在干啊。她干得那样出色，他们说她个好字没有？反倒是百般挑剔，万般不容。赶她出门，是谁吃了亏呢？背着臧姑，大成母子相对哭泣。于氏终于病倒在床，翻身便溺都由大成伺候，昼夜连轴转，他两只眼睛都熬得通红，无奈叫弟弟来顶一下班，刚喊过来就被臧姑喊回去了……

大成实在没法，请他的姨母来帮忙照料。正对着他姨母哭诉，突然珊瑚从帷帐后面走出来。她怎么在这里，她都听见了？大成窘得要夺门而出，珊瑚叉开手拦住他——通篇，我只看到这一处描写珊瑚跟大成交流的场面，珊瑚不说话，这一叉手就是她的表达：她要拦住他，虽然他把她休掉了，他的事她还是要管的。大成从她的肘下钻出去逃跑了，回到家不敢告诉母亲。姨母来他家帮忙了，自她来，她家里没一天不派人来送东西，吃的用的，全都是最好的，姨母全都让给于氏，给她将养身体。于氏羡慕至极地说："你的这个媳妇，从哪里修来！"姨母说："你从前休掉的那个珊瑚，也不错呀？"于氏说："是比现在这个强些，但比你的差远了。"姨母笑着说："那是你有福不会享啊。天天来给我送东西的，就是珊瑚，这都是她夜夜纺织，换来钱买吃食孝敬你呀。"于氏听到这里，还能不涕泗横流？话说到这里之前，她嗫嚅的那一句："不知珊瑚现在嫁人没有？"已表现了她心中的悔意；再说到这里，她没法不坦白说了："我没脸见珊瑚……"

珊瑚回来了，跟于氏成了一对好婆媳。珊瑚那么善，臧姑那么恶，相处起来却不是善被恶欺，而是珊瑚的大贤大德最终感化了臧姑两口子。但过程很曲折，臧姑先是不信邪，直到经过了巨大的惩戒：她先后生养了十个孩子，一个都没有养活下来。天哪！即便是对一个十恶不赦的女人，这惩罚也太严厉了，非人了。珊瑚的结局则是生了三个儿子，两个中了进士，人说是"孝友之报"。相比而言，赏善罚恶有点不成比例，不过，也想不出还能怎么更好了——愿珊瑚将来得着三个好媳妇吧。

人就怕比，也怕身在福中不知福。比却是无处不在的，一比就分明。于氏可以拿珊瑚跟当年的她自己比，也可以拿她自己跟她从前的婆婆比；她有两个儿媳妇，当然好有一比；假如她生的是一个儿子一个女儿，那更方便她以己之矛攻己之盾了：要问亲家母对她的女儿好不好，那就先问她对别人的女儿好不好？

2013 年 9 月 11 — 19 日

## 细柳英姿

"男子患不自立,何患贫?"这是《宫梦弼》中的精警之句,但不是主题句,对故人之子柳和讲这句话的宫梦弼,还是以银两帮助了他自立。此篇意写世态炎凉。其实世态之炎凉,你越信,它就越是对你炎凉;你不信,它才服了你。别去管它,只管做好你自己,等你足够强大的时候,围绕你的一定是炎而非凉。

每个人都面临自立的问题,不论男女。女人要是不自立,嫁给了可靠的男人一样附庸失重,世上哪有什么人是可以给你靠的,只能靠自己足下生根。

《细柳》是一篇奇女子传,叙述一个人称"细柳娘"的女子的非凡识见。她还是待字闺中的少女时,就有一项特殊才能:善于相人。她怎么会这一门呢?看书,用心于此,本想藉此嫁得一个完美的夫婿。"阅人甚多,俱未可,而年已十九",爹娘都怒了,所以细柳只能放弃她"以人胜天"的

打算,服从自己的命运。她嫁了个丧偶再娶的"高郎",两人甚是相得,由他俩互相的戏言应对可知:

> 细柳何细哉:眉细、腰细、凌波细,且喜心思更细。
>
> 高郎诚高矣:品高、志高、文字高,但愿寿数尤高。

细柳说高郎的末一条,是吉言,但给人以阴影,对于一个尚且年轻的人,言及寿数,反是不祥。也许是她已经算了出来,什么都知道,只如她一贯的作风,不轻易臧否人物,这对一个相士是基本修养——你可以推断,在路边设八卦摊、扮高人状者,对路过的你脱口夸赞一声"好相貌",你该不该去听他的。你的命运,由谁来主宰?一半交给天,一半还在你手中,把握好!自助者,天助之。假若,细柳已经算出了丈夫,以及她自己的全部命运,那对她实际上是可怕的,对一般人也一样,你若是预先知道了前路中的坎坷,你可能没有勇气走这人生路,你只须回首看看曾经走过的曲折就知道了。

细柳善于理家。绣花、裁衣之类的针线活她不大留意,她的胸中经纬在于田亩的多寡、赋税的期限等收支大项,一个家庭的吃穿用度给她经营得井井有条。她不让丈夫远游，他外出访友没按时回家，她就派僮仆去请他回来，他因此落了个惧内之名，被朋友笑话。而，果不其然，有一次他饮酒归来，半路马失前蹄，坠马而亡——原来这就是命运，她再严加防范也不能避免。从她如此的严加防范，我猜她也只预先知道一半，那么还好，人活着需要另一半的未知和希望！

　　细柳嫁给高生，是续弦，他的前妻留下了一个儿子长福。这道考题，会难倒不少姑娘，一个未婚姑娘，一结婚就先做继母，今后的日子怎么处？二十上下的姑娘家，喜欢一个小孩子倒是很自然，如果这孩子跟自己没干系，没矛盾正好相处；现有了干系，只须不把他当外人，不当作矛盾的焦点，仍是好处。细柳对长福好，长福就喜欢她，她到哪里都跟着。一年后，她也生了个儿子长怙，两个孩子，一样相待。有些好继母，特地把好的东西给非亲生的孩子，差的给自己亲生的，这就不对，自己的孩子难道不是孩子，该受这委屈？还是心思不够纯净之故，着意要让人说自己这继母当得好。高生还在的时候，细柳的问题不大，两个孩子都小。高生去世之后问题来了，两个正在长大成人的儿子没了父亲管教，各自都走了弯路，且看细柳如何教养他们——这是上天出给细柳的考题呀。

　　两个半大男孩，娇、惰，是他俩共性。先看长福，他不肯用功读书，经常逃学去跟牧童玩耍，责、骂，都不改。那么，细柳说，你既不愿读书，那就去干活吧，咱们这样的人家是不能养闲人的——这句话精辟，随是什么人家，养闲人都会养出毛病，人不做事百病俱生。所以有见识的富翁，把遗产都捐出去，绝不留给子女，凭空得来的流水一样的金钱，会毁掉儿女的人生。想活，靠自己！一分一厘地挣来钱养活自己，也打造出自己的生活。长福跟着佣人去放猪，穿着破衣烂衫，跟他们吃一样的饭，不几天，他就受不了了。求继母，愿意再去读书，她不许。冬天来了，长福赤脚单衣地放猪，在寒风冷雨中瑟瑟发抖，形如乞丐。邻居们看不下去，这回看穿了细柳，丈夫还在的时候她会装，现在原形毕露。娶填房，要以这个女人为戒呀！细柳听到了，跟没听到一样。长福吃不得苦，逃了，细柳不问不找，等他在外面讨不到饭自己回来。他不敢进屋，到邻人家央求帮忙说话，细柳说：他如愿意挨一百大板，就回来见我。长福马上进门，痛哭流涕，表示愿挨。知道悔改了？知道了。那就不用打了，放猪去吧。不！孩儿愿挨一百大板，恳求母亲让我继续读书。——他这番重新读书，是求来的，吃尽苦头之后知道了珍惜，晓得了用功。他进学了。

长怙，也是既娇且惰，还笨，根本不是读书的料。让他下田，他当然也不好好干。细柳大怒说：“士、农、工、商，

长福无法,只得继续拿着鞭子去放猪。当时,残秋已过,阴雨连绵,他光着双脚和上身,全身被淋得湿透,缩着脑袋如同乞丐一样。
《细柳》,蒲松龄原著,定兴改编,谌孝安、施大畏绘画,天津人民美术出版社,1982年。

各有本业,你既不会读书又不能种田,难道想饿死吗?"狠狠地打;对已经长进了的大儿子长福,则好吃好穿地供给。长怙心中不平,对母亲说想出门学做生意,要了些钱,出门又嫖又赌,回家说是遇见了强盗,钱被抢了。他怎瞒得过

邻里们见了都很可怜他,认为后娘细柳虐待过甚,都指槐说柳,忿忿不平。细柳闻听此事,并不在意。

他娘,娘打得他死去活来。打也不顶用,他一出门她就派人跟着也不顶用,恶习难改。他再说要到洛阳去的时候,娘居然马上答应了。给他三十两银子,说初次出远门,不指望赚钱,只要不赔本;临行前又给他一只金元宝,说以防万一,不到万不得已不能动用。长怙像只出笼的鸟,到了洛阳,直奔花街柳巷，三十两银子马上花光。不还有只金元宝吗，他心里一点不慌，没钱了拿出来兑，却是假的。他还想着相好的女子会顾念情分，收容他，可就是她去告了他的状，让衙役来把他抓走，去坐牢，去牢里吃真正的苦头。人坏到一定程度，坐牢是必要的。父母管教不了的不肖子弟，要狠下心来，让社会去修理他，能被修理的就还有救。若一味宠溺、迁就、扶助、原谅……只能越扶越歪，搞成不可救药。

细柳在家，算着长怙的行程，暗暗悲伤。她对长福说，二十天后，你去趟洛阳，到时你再来问我。二十天后，长福来请问母亲，她才告之实情，让他前去解救长怙。"汝弟今日之浮荡，犹汝昔日之废学也。我不冒恶名，汝何以有今日？人皆谓我忍，但泪浮枕箪，而人不知耳！"细柳的这番自白，最是动人，做人多难，天下有多少无法剖白的心事，多少顶着骂名的坚持！养育孩子的意义何在？那么辛苦，那么艰难，期望他成材……等他渐渐长大，你会豁然明白，他，是你人生的伴陪，你养大他的同时也成就了自己。他会明白你所有的苦心苦意，他会来爱你，帮你。长福立即动身，赶到洛阳，以他的声望文名，把狱中铁索锒铛、面目如鬼的弟弟保释了出来，一起回家见母亲。无地自容、也断了念想的长怙，从此改邪归正。他还真是一块经商的料，一旦勤谨，苦心经营，马上兴旺发达。

细柳娘的两个儿子，一富一贵，门庭增光，谁不羡慕！一户人家有钱有势，不值得羡慕，世间的钱与势都如风水轮流转，富不过二代。只有儿女最重要，他们能自立，你就放心了，能成器，那更是最美的事。

细柳这么多年是一个人撑持的。细柳何细哉，心思最细。心思细则做事周密，但心思细则心事重，心地敏感，一碰即痛。

2013年5月27—31日

## 谁家的经好念

英语中有个词组："a skeleton in the cupboard"，壁橱里的骷髅，意指一个家庭中不为人知的秘密。就如简·爱小姐钟情的绅士罗切斯特先生，他被发现家中有一秘密阁楼，阁楼里藏了个疯女人，竟是他的妻子。还有福克纳写的爱米丽小姐，她毒杀了将要抛弃她的未婚夫，把他放在他们的婚床上，她夜夜伴郎眠，直到四十年后她死去，镇上的人们才破门而入，发现床上的那具骷髅……这个惊悚的故事，就像对这个词组的具体演绎。有一天我想到，"壁橱里的骷髅"，它也不一定是某种极端的秘密，或许仅是指家庭中不足为外人道的隐衷，就正对应于中国人讲的"家家有本难念的经"。

《聊斋》里有两篇小说，将这句俗话演绎得淋漓尽致，一篇是《曾友于》，一篇是《仇大娘》。《曾友于》里面那种错综复杂的人际关系，只有蒲松龄才能写得纹丝不乱，即便如此，我看到后面还是要频繁地回头核对人名。好在，所有的人际关系与情节都与基本的人心或伦理逻辑相符合，故此，繁而不乱。在开头，已经去世尚未入殓的曾父眼中流泪，给全文定下基调，他为什么哭，死不瞑目，就为家中将要闹成的种种不可收拾的局面。六个儿子，嫡出的，庶出的，拉帮结派，恃强凌弱，寻衅斗殴，睚眦必报，经常就会酿成血光之灾。此篇极写庶出的长子曾友于的高尚品行。他像个圣人一般，在各种猛烈尖锐的冲突中极力调和、转圜，舍身饲虎，力求达到他信奉的人伦理想。他们家的内讧，多次闹上官府，曾友于或代兄弟负荆，或陈词禀白，或俯首流涕，只说一句："唯求公断。"——家务事，哪有公断，事情往往是官吏素来敬重曾友于的品行，而给予销案。曾友于也曾感无能为力，带着妻小搬离，逃避大家庭中的可怕纷争。同样不堪其苦的他长兄的幼子，也投奔到他家，看见叔叔家的兄弟们"弦诵怡怡"，他是多么羡慕，不肯走了。一家人，难道不该是"弦诵怡怡"？实际上一家人却常常是冤家，不是冤家不聚头，彼此折磨。等到大家都老了，心劲弱了，矛盾淡了，能好好坐着说话了，一辈子也差不多过完了。

《曾友于》里的矛盾都是家庭内讧。《仇大娘》里除了内忧，还有外患。但生活有它的奇妙，内忧与外患叠加，此二者之间也会发生作用，有时外患竟是内忧的解决之道。攘外安内，是为一体，张仲景著述《伤寒论》时已有此观点，整体考虑，辨证施治，巧妙地利用矛盾的相互作用。《仇大娘》里仇家最大的外患，是那个叫魏名的人，他十多年里都在处心积虑地害仇家。为什么？大概有点仇隙，书上只说是长期不睦。也真有这样的人，肯花掉自己十多年的时间来害人，陪着耗，只因为恨。魏名狡狯，他装得很友善，以便下圈套。但是，他每次不良的居心，总是给仇家带来好运，直到他老了，认识到自己的错误——或者是认识到这么办总是事与愿违，不如洗洗睡了——打算真心地对人家好点的时候，他每次的馈赠却总是给仇家带来祸事。魏名这个人与仇家的关系很古怪，"其福之不如其祸之也"，这是仇家的结论，也是蒲松龄的奇妙构思。他可能平日多有观察，好心办坏事的人很多，相反因祸得福的情形也不少，那么就同时布局在一个人身上，岂不甚妙。魏名就成了给困难重重的仇家搅局，或帮忙的一个奇特的外因。

山西人仇仲，大乱时被强盗掳去，遗下两个幼子仇福、仇禄，他的继室邵氏艰难抚养。有亲戚觊觎田产，欲将邵氏改嫁，都已经密谋到强抢的地步了，就因为魏名在外造谣中伤邵氏的名节，此事未成。但邵氏因此冤结胸怀，病卧不起了，无奈只好给才十六岁的仇福匆忙娶了一房妻子，以操持家务。魏名又调唆仇福跟弟弟分家，又引诱他赌博，输光了房屋田产，把妻子卖给了一个漏网大盗。仇福之妻被骗到大盗家，才知被卖了，拔簪自刺其喉，重伤，被接回娘家。因告到官府，邵氏母亲才得知仇福做下的种种不肖事，此时，家已不家，她除了号哭毫无办法。仇福已逃跑了，家中只剩下未成年的弟弟仇禄。先前，仇家还有个前妻生的女儿大娘，远嫁到别处去了，她性情刚猛，每次回娘家探亲，往往因琐事顶撞父母，跟父母关系很差，已多年不通往来。魏名错误地理解了外因与内因的关系，他想若是把这个大娘叫回来，一定会带来更多矛盾，令仇家更加乱作一团。托人带信带到了，寡居的仇大娘果然领着孩子来了——其实，当事情已经坏到底的时候，再来一个外力，只会带来转机，这仇大娘正是家中救星。

大娘进门，只见年幼的弟弟在服侍重病的母亲，景象凄恻，令人伤怀。家中没有别人了，她是大姐，该她来做顶梁柱。操持家务，上有老下有小，是她的事；被人骗走的田产要追回，上门索债的赌徒要对付，不成器的仇福要教训，受了伤的弟媳要去抚慰，以期待将来仇福能与她有破镜重圆的一日——这都是些多么难的事！日子有时候太艰难了，简直过不下去了，可咬紧牙关，还是一步步走了过来。没有过不去的坎，这也是句真理性的俗谚，来自前人的经验，你且相信吧。"山重水复疑无路，柳暗花明又一村"，这也是常见的人生景物图，在最狭窄逼仄的地方侧身屏息而过，倏然，

《仇大娘》,项维仁绘,选自《项维仁古典人物新作选》,天津杨柳青画社,2013年。

眼前一阔。

仇大娘是厉害人,她的不依不饶,官府也只好让三分,听她的。赌棍们怕她,仇福尤其怕她,他恰好被她管住。弟媳恨仇福,却愿意与她做伴侍候母亲。仇禄大了,该娶亲了,魏名在外散布流言,说仇家的产业都归了大娘,人们信以为真,一时婚事难成。情节到了这里,插进了流丽舒缓又风雅的一段,"柳暗花明"来了——有一位范公子,家中有在晋中称第一的名园。园中名花夹道,直通内室,曾有路人误入,几乎被当作盗贼打死。魏名故意邀请仇禄去游园,带他到一个有画桥朱栏、溪流汹涌的地方,自己借故走掉。仇禄听见女子的笑声,正要折返,刚好撞上范公子,喝令家人来捆他。在惊恐中,仇禄跳下了溪流,这举动逗笑了公子,让人把他救上来,领他更衣落座,温和地跟他说话。宴席上,公子说有一个对子请他对:"拍名'浑不似'。"仇禄默思良久,对出:"银成'没奈何'。"公子拍手大笑,说:"真石崇也!"——这都什么意思?"浑不似"是一种弹拨乐器,形似琵琶,四弦,长项,圆鼙。"浑不似"的意思就是什么也不像。"没奈何"的典故,来自宋朝奸臣张俊,他家白银成山,每千两铸成一个圆球,如此巨大面额的银两,花不掉了,这圆球就叫"没奈何",没办法花。难为仇禄,确实对得巧,石崇是著名富豪,范公子说他是石崇,意思是要招赘他为婿了。他有个女儿,美而知书,要自己择婿。"浑不似"的上联就是她想出来的,苦思无对,前一天夜里,她梦见一个人告诉她说:"石崇,就是你的夫婿。"她问:"在哪里呢?"答道:"明天就要落水了。"这就是范公子见仇禄落水,转怒为笑的缘故,再以对联试之,果然对出,那么,他就是石崇。难怪他刚才隐隐觉得花篱中有女子在窥看他。多亏了魏名，给仇禄联上这门好亲。

内有大娘，外有魏名，仇家的所有矛盾都一一得到解决，事情渐渐向好的方向运转。老母亲身心大慰，能够下床行走了；连他们失散的父亲，也因为魏名陷害仇禄，在充军的路途中与之相逢。等到合家团聚的时刻，大娘交出账册请辞，所有人流泪不舍，请她留下：本是一家人，何必分两处？此时，仇家已经兴旺得令魏名都改变了主意，想与他们结交了。

"家家有本难念的经"、"清官难断家务事"，我在想着这两句古人说绝了的话时，又想到金庸小说中的一个说法：即便是世上最毒之物，离它百步之内，必有解药，因万物相生相克之理。是这样吗？我多么希望是真的。所有人家中的难题，解决之法应该就在家庭内部。

2013 年 7 月 22 — 23 日

## 不战而屈人之兵

人有时要寻求心理补偿，就喜欢与自己相反的事物。我爱看城府颇深的人物的内心展现，因为那是我缺少的，我想看看什么叫心机。它不是一个贬义词。比如电影《我的1919》，陈道明饰演的外交家顾维钧在巴黎和会期间，面对列强，不卑不亢，不动声色，不苟言笑，他在与对手的智性斡旋中展现的锋芒，令我心折。这一人物也真该由陈道明去演，他的脸，最能诠释"气质"二字。

很多年以前，看电视剧《杨三姐告状》，民女告豪强，难比登天，她不屈服，一层层上告，到最后，不是遇见了青天大老爷，而是其中的利害关系牵涉到了这位大老爷的利益攸关，他就肯出手了。他是个老谋深算之人，胖胖的，不显形，直到时机已到，他对下属面授机宜，我们才知道他已经部署行动到了哪一步。下属答应唯唯，末了佩服地问他一个问题，问某事他如何能神机妙算地得知。这位大老爷的回答，让人绝倒："他能爬我的墙头，我不能爬他的墙头？"嚯，真难以想象他长袍马褂的，怎么去爬墙头，还不叫人看见。他打开了一个思路，上层人物，也可以使用低级手段，只有你想不到的。

与政治有关的争斗，在通俗小说中，往往得到简化且富有戏剧性。如《说岳》，讲到岳飞挂帅之初，张邦昌设奸计谋害，诬陷岳飞行刺皇上，半夜把他绑出午门。马前张保火速奔到李纲太师府，把李纲从床上背出来相救，太监见状密报张邦昌，咬耳朵说："李纲老鬼来了。"张邦昌的心计也在对白中一览无余："一不做，二不休，索性把他也弄死。"他为什么恨李纲？因为大忠臣李纲"洞悉奸臣肺腑"。张邦昌叫人在东华门里暗放一块钉板，等李纲去敲钟鼓鸣冤时一脚踏上滚倒，血流满身。似乎不可置信，堂堂大奸臣使用这样的工具来对付当朝太师，但又很可能，宋朝故事给人的感想就是奸臣的胆子天大，为所欲为，下三滥的手法他们特别多。《说岳》中有一句妙语说张邦昌："要晓得奸臣是要有才情的方做得。"

《聊斋志异》里有一些描写心智过人的人物的篇什。《诗谳》、《折狱》、《于中丞》，还有《胭脂》，写的都是善于断案的老吏，明察秋毫，能看到常人看不到的细节，使疑案水落石出。这些老吏，阅人有年，年月增长了他们的智慧与仁心，他们的智谋与城府让人觉得可亲可敬。有一个短篇特别可爱：《王司马》。

王司马实有其人，名王象乾，传见《山东通志·人物·历代名臣》。从明代万历二十年至天启、崇祯年间，王象乾四度总督宣大、蓟辽军务，官至兵部尚书。蒲松龄描述王司马的作为，类似游戏。他镇守北边时，常让匠人铸造一杆长柄大刀，阔盈尺，重百钧。每当巡视边防，就令四人扛刀随行。仪仗队到了北边，把刀隆重地放在地上，请北人来试举，撼不可动。王司马又暗暗用桐木做了一把一模一样的大刀，宽窄、大小，不差分毫，表面贴上银箔纸，他悍然举起，在马上舞动，威震四方——北方诸部落远远望见他如此神力，无不拜服。王司马又用绳子编结芦苇，在边境埋上一长溜，蜿蜒十余里，就像一道竹篱笆。他半疯不颠地扬言："此吾长城也。"北兵来了，铲除长城，朝它开火。王司马又重起一座。如是者三，第三回，他在地下暗埋炮石、火药，以机括带动，杀伤力巨大，北兵死伤惨重。等他们逃去，王司马再次建起芦苇长城，北兵遥遥一望，全都退走。王司马已是他们心目中的神人。

如此不战而屈人之兵，听起来像儿戏，却又非常神气。兵不厌诈，北兵怎么这么好骗，他们是不是心地太淳朴了，或是没读过《三十六计》、《孙子兵法》？孙子开篇即谓：

"兵者，国之大事，死生之地，存亡之道，不可不察也。"他那些博大精深的论述："全国为上，破国次之；全军为上，破军次之……""上兵伐谋，其次伐交，其次伐兵，其下攻城……"影响广远，北兵不会不读吧。要不就是蒲松龄乃一介书生，又浪漫，他对行兵打仗的想象流于天真无稽。后来——他继续写道——王司马退休多年后，北方边境上又起了纷争。皇上请王司马再度出山，当时老头子已经八十有三了，力辞，皇上说："但烦卿卧治耳。""卧治"，就是不劳而治，无为而治，只凭借他的威望来治事。王司马到了边塞，就真的"卧治"，他总是卧在营帐中。北人听说王大司马又来了，不信，假装议和，暗里偷窥。悄悄掀开帘帐——真的是王司马哩，睡在那里。北兵对着他的床榻拜倒，吐吐舌头，退走了。

小说笔法，有趣即可，只要合乎读者相信的一种道理。诸葛亮唱空城计使司马懿退兵，关羽在帐中夜读的身姿，也足以令对手拜服并倒戈——这两个典故似都含有《王司马》的某种因子。反正，蒲松龄跟孙武永远不会碰头的，即使碰到，孙也不读蒲。王司马的行为，或许还可以这样解释：他出的是险招。按常理，人们不相信他会那么做，他就偏那么做。虚者实之，实者虚之，他确凿无疑是一能人，史书有记载。我联想起云南的一位老人，他曾把一个濒临破产的地方小烟厂打造成创利税近千亿元的亚洲第一烟草企业,后入狱,出狱后,七十多岁了,又承包荒山,开种果园。十年后,他的果园产出的"褚橙"又成品牌,供不应求,我吃过,极之清甜。八十多岁的人,从前是"烟王",现在是"橙王"。怎么说他这人呢,能人。世上有这种能人,哪个不毛之地有他去了,就起死回生。

我读《围城》,知道钱钟书先生对世故人心的把握,是相当深刻的,那所三闾大学里面各色人等的彼此倾轧、勾心斗角,他看得一清二楚,因为他的呈示,我也看懂了一些类似场景的含义。可是,写是一回事,做是另一回事,在真正的处世上,我猜想钱先生有些像方鸿渐,如高松年校长把他拿捏准的那样,他不是一个"善办交涉"的人。生活中钱先生的深居简出、闭门谢客,未尝不与此有关,兴趣在书本上,人,少打交道。人的心是一座城。有的人城府较深,重重把守;有的人心思直露,不知设防——不同的风格,大半是天性使然,也难说哪种更好。如果一个人的心之城府显示的是智性、深邃、容纳力与定力,那我唯有佩服。

心机是小说家的必备条件,否则他就无法设出那个局。"所有好的小说家都不可能是纯洁之人,他必须心中有鬼……太光滑的内心对艺术是不具抓力的。"此言甚是!比如,毕飞宇的小说,极精彩,充满了对人心世相的深刻把握与描摹，语言和表达，也都是第一流。可是，叹赏之余，我心底有一丝冷气升起，寒凉之意渐布。他笔下的人物，都太狠了，心劲太足了，没一个是省油的灯。他好像忘了世上还有一种人，这种人叫作单纯，他们想不到那么多，也不跟人较劲。要不就是这种人他看不上，没有写进小说去。（他后来写的《推拿》可能好些，有空去看看是不是多些慈悲。）单纯不等于傻，也可以达到智性的高层。事实上，单纯的人还不少，还有忠厚的人，良善的人，凡事最先替别人考虑的人……都是让人省心舒适的人。要是身边尽是些心机重重的人，一天到晚上演三国演义，谁吃得消？论心机，毕飞宇有乱世之才，幸好，他只是一位小说家。

2013 年 7 月 27 — 28 日

# 独　行

美国小说《了不起的盖茨比》是这样开头的:"在我年轻、幼稚的时候,父亲曾给了我一番教诲,我一直铭记在心。'每当你想要批评别人的时候,'他对我说,'你就记住在这世界上不是人人都享有过你所拥有的优越条件的。'"

人是要有些年岁,才能看懂这几句平淡的话是什么意思。我在二十多岁的时候,也有人跟我说过类似的话:"你要宽容一些啦。不是每个人都像你这么幸运,你不能指望每个人都像你这么优秀。"这句话貌似赞美,实则是批评。人年轻时容易骄傲,看人不上眼:这人这么丑,还打扮个什么?成绩这么差,读个破学校又有啥意思?——潜在的逻辑,似乎是那些不美丽不聪明的人都不配活着。先天条件优越的人容易有这种审美上的洁癖,像妙玉和林黛玉,都特别不能容忍刘姥姥。

而人生之初,是不由自主的,假如林妹妹有机会去刘姥姥的山沟里看看她就知道了：有些人就生在这里，连吃的都没有，他们有什么办法？人家也得找条路活下去呀。刘姥姥大胆老脸的卖笑，林妹妹是瞧不上；可是她老人家得了凤姐二十两银子的恩惠还想着扛些新鲜瓜菜来回报，后来更是挺身将巧姐救走——这么整体地看，还是那些先前就待姥姥热情的，比如送她衣物、零用的平儿等人，更厚道些。人生而平等只是一个理想，每个人的命运有一个基底座，那是高低不平的，有的人颠覆了，有的人挣不脱。

但每个人活在世上，总有一个立身之本，是他活着的凭借与道理。每一个生命都有其价值。

《乔女》，讲一个丑女的故事。一女姓乔，生来奇丑，豁鼻，跛脚。长到二十五六，无人问津，嫁给一个四十多岁、家贫丧妻的穆生做填房。婚后三年，穆生又死，家中困厄，乔女回娘家求助，她母亲颇不耐烦。乔女就不再回去，靠自己纺织度日养儿。有一位孟生，也是丧偶，留下个孩子嗷嗷待哺，急于续弦。媒人给他说了几家，他都不满意，忽然见到乔女，非常中意，托人去说，乔女居然不愿。她是这样回复孟生的："饥冻若此，从官人得温饱，夫宁不愿？然残丑不如人，所可自信者，德耳；又事二夫，官人何取焉！"这番话，虽然含有"一女不事二夫"的封建观念，但所见非俗，且披露了足够多的内心世界——一个既残又丑的女子，自小被人看得那么低，低到没有人要，低到连生身母亲都嫌弃，她是靠着坚强的自尊自律活在世上。人家以为她那么丑，肯定别的方面也潦草了，偏偏她决不将就，她对自己的要求是那么高！孟生为什么对她非常中意，文中没有解释，耐人寻味。这孟生也是个要求高的人，家里情形明明急得很，他还挑，一连几个挑不中，忽见乔女，大为中意，为什么？

或许是他看见她的那一幕，深深打动了他——这个女子，坐在那里纺线。她是穷困的，家徒四壁，鹑衣百结，但很整洁，因为她的人很整洁。她是丑陋的，黑、丑、残疾，但她的神态和举止中带有非凡的静气与自持，很美。一种人是给一种人看的，人皆笑她丑，独他看她美，这是初见的印象。而乔女回绝他的说辞，更是令他敬慕，深信自己的眼光。他请媒人带去重金，向乔女的母亲请求，母亲便亲自来劝说女儿，女儿却始终不肯。母亲很惭愧，愿意将小女儿许配给孟生，大家都觉得这样安排再好不过了，孟生却不同意，他是非她不娶了。这桩佳话发生过没多久，孟生突然暴病去世，乔女，"往临哭尽哀"。——这是惊世骇俗的，他是你什么人，你去哭？寡妇门前是非多，人言物议，本是她竭尽全力要避免的。"一女不事二夫"，这规则对么，且不管，既然这样定了，她就遵守，宁可牺牲后半生的幸福去换取所有人的"没有话说"。可是，她又藐视了这规则，以寡妇之身，独往她始终不肯嫁的孟生的灵前去临哭尽哀。她怎能不哭呢？他是这世上唯一知她、爱她的人。她生来，从来没人爱过她。她丈夫没爱过她，他只是因为家里太穷，死了妻子需要再娶一个，才凑合着把她娶了。这也怪不得他，穷人有穷人的活法，穷也得活下去。但她为什么要嫁给他呢？因为，女儿大了就得嫁人，不能老待在家里给父母添麻烦。她没有选择权，她太丑了，好不容易有个人想娶，她当然得嫁。——多残酷呀，只因为生得丑，所有人都觉得她不配活着，能将就着过已经不错了。

反映"饥饿的非洲"的那类照片，大家都看过，触目惊心。那些幼小的孩子，瘦成那样的皮包着骨、骨撑着皮，几乎没有人形。有的婴儿，徒劳地扯咬母亲的乳头，想榨出一点食物，但那母亲本身也是一具骨骸了。天哪，真不知道她们为什么还要生孩子！这样饥饿的地老天荒，还把孩子生出来，慢慢挨这阔大无边的饥饿，一个饥饿变成多个。这是因为，那里的人们也要活呀。饮食男女，人之大欲存焉，饮食已经没有了，剩下的一项可怜的人世欢乐，难道还要剥夺人家的么？活在世上，就生儿育女；没有什么想法，生下来就活下去。

回头再来看，这个命如稗草的乔女怎样活出她的灿烂。

她要回报孟生的知己之恩。孟生死后，家产被流氓无赖哄抢一空，只剩个老妪抱着他的孩子乌头啼哭。乔女将乌头接走，并请孟生的好友林生出面告官。林生是答应了，但随即被无赖们的白刀子吓住，不敢出门。乔女就亲身前去见官，被反问了一句：你是他什么人？这个问题很致命，而乔女答得很巧妙："公宰一邑，所凭者理耳。如其言妄，即至戚无所逃罪；如非妄，即道路之人可听也。"——大人治县理事，凭的是一个理。只要有理，路人的话也是可听的，就不必管我是什么人。在我听来，她答得无懈可击，可官家认为她"戆"，把她赶了出去。但终有理解她的义士出手相助，帮忙将孟生的家产追回。

乌头是乔女代为抚养成人的。她跟老妪一起，锁上孟家大门，到她家去住，乌头的日用所需，去孟家开门取用；她自己仍抱子食贫，一无沾染。等乌头长大了，为他延师教读，她自己的孩子则学做粗活。老妪说，就让两个孩子一起读书，有什么不行呢？她答，耗人之财以教己子，此心无以自明。乌头成人了，她又为他聘娶，让新婚夫妇搬回孟家，乌头哭泣着请她去同住，她同意了，但纺绩如故，并一如既往地把乌头当作儿子教养，有过必责。

后来她病了，要回去，嘱咐儿子，一定要将她葬到穆家。她死后，乌头暗里许金给穆子，希望能将她与孟生合葬——这符合实际的情理，她为孟生所做的，已达到了一个妻子能做到的最好。她也曾向人剖白:"妾以其丑,为世不齿,独孟生能知我;前虽固拒之,然固已心许之矣。"不知她见过孟生没有?可能没有,如果他看见她时她不曾在意。人未见,而心已许,是这样的一种爱与拥有:两个人,心心相印,但身体不曾有过最轻微的触碰,可能连面也没见过。"除了身体,一切都拥抱了";"彼此什么都碰不到,却感觉到实质性的依偎"。这些好句子,我是写不出来的,它们姓严,严歌苓的严。

但,乔女不许。她的灵柩,三十个人都抬不起来,穆子也突然倒在地上,自言自语:不肖儿,怎敢卖你的母亲!乌头也害怕了,拜祝,认错,听从她的心愿,归葬穆家。

美女容易得人爱,丑女,要发掘出她的优美就有难度,需要眼光,也需要胸怀。人海之中,难求一个孟生,也难求一个蒲松龄。如果一个作家的目光只向上看,光看见那些光彩夺目的美人,他怎么写得出这个光彩绝不逊色的乔女呢。蒲氏的作品寄寓着不同流俗的美学理想,眼光独到的孟生,就是他的化身。

2013 年 8 月 8 — 10 日

# 一饭之恩

　　我记得《雷曹》是写友情的。开篇的两个人名我还留有印象：乐云鹤、夏平子。人民美术版的同名连环画，我看时有点疑惑，怎么只有个乐生呢？直接写到他与雷曹的邂逅，使我疑心是否自己记错。查原著，没有错，就是这一篇，乐云鹤与夏平子的交情只在开头第一段，随即转入雷曹的故事，早逝的夏平子在结尾再重新出现。连环画是把夏平子这个人物删去了。按原著的笔法，乐、夏二人的交情，并非可有可无。蒲氏为文，常常设有双线，一主一辅，或一明一暗，时而交错、最终交汇。他未必是刻意这样做，因他是个涉笔成趣的人，一步一景，自然圆转，收放自如，他想在哪里打结都是个妙。

　　乐云鹤与夏平子，他二人少同里，长同窗，相交莫逆。夏生敏慧，少年成名，乐生虚心向他学习，他也悉心指导，乐颇有进益，但科场总是失利。夏生早故，身后困顿，乐生尽力照顾他的妻儿,自己得了一升米,也要送一半与夏妻。他见科举不是路,就改行从商,家境也逐渐好转起来。

他是在一次客途中遇见那个人的——一个身材高大、筋骨强壮的男子,面带愁容,在旅店廊下彷徨不去。乐生问他:"想吃东西吗?"他不语。你或许见过这样的落魄汉子,他不语,是在维持饥饿中的尊严,无论如何,开口说自己饿,想吃饭,还是有些不体面的。我小时候,有一回在饭铺里吃饭,因为我妈在那里帮忙,服务员给我打饭打得冒尖,足有三四两。一个衣衫褴褛的流浪汉走进来,径直走到我坐的长凳边坐下。我有点不安。我当然是吃不完那一碗饭的,他等着。我刚刚要放下饭碗的时候,他劈手把碗夺了过去。那天,我心里很难受。他夺碗的动作,使我想到了他的饿,饿到没法顾及体面、礼貌,以至于对一个小姑娘做出抢夺的动作。我既可怜他,又难堪,为饥饿造成的这样一种双方的窘况。"难堪"这个词我当时还没有,感觉先行,我体会到了。

在这种情形下,要让人不难堪才好。乐云鹤就是这么做的:他不再问,就把他准备吃的菜肴推给壮汉,请他吃。壮汉果然不推辞,用手捧食,如风卷残云。乐云鹤又买了足够几个人吃的饭菜,他又狼吞虎咽地吃光了。事情要做,就做彻底做漂亮罢,乐云鹤叫店家割一条大猪肘来,再加上一堆蒸饼,请这位朋友吃个痛快。大汉吃得痛快,评家冯镇峦也读得高兴,他如是批点:"昔人喜观豪客饮,吾喜观健儿食,足长精神,壮气概也。"这一吃,使得主、客、观者都尽兴快意。乐云鹤是个慷慨仗义的人,他待故友之妻是一重,待萍水相逢的落魄汉子是另一重,两重叠加,你知他情深义重。大汉吃好了,心满意足地向他道谢:"三年来,我都没有这样饱餐过,感谢足下惠赐!"乐云鹤做了美事,更不吝赠人以美言,他的回答用文言表述更美些:"君固壮士,何漂泊若此?"——对方是个流浪汉啊,这样的语言能够塑造他的尊严,人的饥饿不只包括食物,所以古来自有拒绝"嗟来之食"的乞丐。大汉答道:"我因忤犯天条,遭到天帝贬谪,以致于此。"如此说来,他是个有来历的?初识不便细问,反正在得知他是位异人之前,乐云鹤已经盛情款待过他了,尽管他以流浪汉的面目出现。这像一种无形中的考验。乐生有一以贯之的德行,所以他不会错过贵人。

乐生收拾行装准备启程了,向这位朋友告辞,却诧异地听他说:你前途有难,我不忍忘一饭之恩,愿随行。两人就一起上路了。果然,船行数日,江上风浪大作,他们的船被掀翻,人与货物都落入水中。等到风平浪静,那大汉背负着乐生踏水而出,他一手还推着船,向岸边靠拢——此举明白无误地显示了，他是神人。靠岸了，他把乐生扶进船舱，扶他躺下，然后系好缆绳，再次跃入江中。不一刻，他夹着两包货物钻出水面，掷到船上，再度入水，往来数次，把货物全部捞了上来，堆满船舱。一清点，毫无亡失，除了乐生随身佩带的一枚金簪。乐生说大难不死，已是万幸，承他救命之恩，哪里还敢指望货物、东西！而大汉纵身一跃，又到江里去了。不多时，他举着那枚小小的金簪，含笑出水，说："幸不辱命。"——他这句话，也是说得谦抑之极，一饭之恩，加倍相报，乐生把事情做满了，他也回了个百分百。

这下，是乐生不让他走了，相携与归，两人共寝处。再请他吃饭时，他辞谢，他一年只吃几顿饭，一吃则食量无算。一天，他说要走，乐生挽留，此时天阴欲雨，乌云密布，雷声隆隆。乐云鹤说，不知云上是什么境界，雷又是何物。大汉笑道，那我带你到天上一观。——他本是天上雷曹，因行雨有误，被罚谪下人间受苦三年，幸遇乐生相助。今天就是期满的日子，他要回到天上去了。乐云鹤作云中游的情景，展现了蒲松龄的想象力：

……则在云气中，周身如絮。惊而起，晕如舟上，踏之，奚无地。仰视星斗，在眉目间。遂疑是梦。细视星箝天上，如老莲实之在蓬也，大者如瓮，次如瓴，小如盎盂。以手撼之，大者坚不可动，小星动摇，似可摘而下者。遂摘其一，藏袖中。拨云下视，则银海苍茫，见城郭如豆……

上天去看看，本是所有人的梦想。蒲公身后二百年，世上有飞机了。在空中俯瞰下界，确实是城郭如豆，密绵；江河似线，蜿蜒。云朵像棉花一样，只是星星仍然遥远，可望不可即。乐云鹤摘下来带回家的那颗小星，原来就是夏平子，他是天上的少微星，乐云鹤摘下的偏偏是他，他二人的缘分非浅。夏平子一直感念乐云鹤的恩德，今随他回家，托生给三十无子的乐做了儿子。

有夏平子这个人物，故事的层次就多一重，乐、夏是挚友，乐与雷曹也是挚友，人间天上，友情如一，患难相扶，彼此牵念。乐云鹤与雷曹的交情，起因于一饭之恩。雷曹被贬下界，在人间遭受无钱吃饭的窘境，他以天神的尊贵，体验到最基本的人性需求，一定是分外地刻骨铭心。反过来，那些从饥寒交迫的底层挣扎奋斗出来的人，对当年的苦况中偶然邂逅的善意，那顿"饥糠甜如蜜"的饭食，也应是难以忘怀。时移世易，它们的意义弥显，当年，连自己都看不到前途，那个帮了你一把的路人，又何尝指望过报答。

2010年，武汉有一对"信义兄弟"的事迹感动中国。我在看各方报道的时候，有一个旁枝细节让我印象深刻。为赶在年前给农民工结清工钱而遭遇车祸遇难的孙水林，若干年前曾落魄街头。他在一家饭馆外站着，当时店里有几个人正在吃饭，见他如此，就唤他入席，一起吃了一顿饭。我的感动，是在这里，我觉得那几个人真了不起！给一个流落街头的人买一份饭，这是小善；请他坐下来同桌共餐，这是大善，这叫仗义。孙水林后来每逢年节，都带上礼物，去看望那个唤他入席的人。

2013年8月27—28日

# 石点头

毕生为红楼一梦的周汝昌先生坚称,贾琏是一个正直的人,他的有力证据就在贾琏为石呆子一事顶撞他的父亲一节。贾琏的爹是贾赦,一个十分不可赦之人,他打鸳鸯的主意讨了个大没趣,仍不识羞,到底又寻了个十七岁女孩子收在房里才算了事。他在算计鸳鸯的时候,把儿子叫来合计,贾琏口气上不甚赞成,他就喝骂起来——他是想起了另一桩事。那回他是忽然起念看上了石呆子的旧扇子,让儿子去办。贾琏是"烦了多少情,见了这个人,说之再三",才得以"到他家里坐着",拿出扇子略瞧了一瞧。贾琏还识货,看那些扇子全是湘妃、棕竹、麋鹿、玉竹,皆是古人写画真迹,世上不能再有的;贾赦识不识货不知道,反正他起了劲,说要,要多少银子给多少。偏石呆子是个呆子,这二十把旧扇子是他的命,他饿死冻死也不卖。贾琏没办法,他只会好好谈,谈不拢;此事被贾雨村得知,他有办法,讹石呆子拖欠官银，把他抓到牢里，变卖家产赔补，扇子抄没，呈送贾赦。贾赦拿着扇子，还对贾琏说："人家怎么弄了来？"贾琏不忿说了句："为这点子小事，弄得人坑家败业，也不算什么能为！"贾赦大怒，抄起家伙就追打儿子，把脸上都打破了两处——也不知破的是谁的脸。

这桩事，与《石清虚》里的故事何其相似；现代作家李凖写过一篇《石头梦》，里面的情节也如出一辙：平头百姓有什么心爱的宝物被有权势的人看中，买是不成的，不肯卖，就抓你下狱，不怕你家人不把东西送来。一件宝贝，你爱之如命，但家人看你更是宝贝，性命攸关，他们会放弃你之所爱，将你换回。

《石清虚》里的那块石头，的确可爱："四面玲珑，峰峦叠秀……每值天欲雨，则孔孔生云，遥望如塞新絮。"喜欢石头的人很多。喜欢石头，大概因为它像山。本来它也来自山中，是一块微缩的山的象形或写意，可以摆在案头欣赏。世界之大，无奇不有，这块石头，居然与天通灵，凡天要下雨，它的孔中就生出白云，这是多么有意思呢？那么，在雨下过之后，那些棉花团一样冒出来的云朵是不是又收进去了呢。这块灵石，有九十二个孔，满蓄着烟云，与天上的雨呼应，一朵朵雨做的云。人类渴望认识天象，把握自然，僧一行、张衡、李冰，都是离天象和自然最近的人，近乎神。假

豪绅大怒,鞭打仆人,随即找会水的人下河打捞,却没有找到。豪绅悬出赏格:有得石献石者,赏银十两。僻静的河边顿时热闹起来,上下都是找石头的人,可是谁也打捞不到。
《石清虚》,蒲松龄原著,王育生改编,林锴绘画,人民美术出版社,1982年。

如那能够预测地震的地动仪张衡确实造出来过,那他值得人类的膜拜,然而,人始终不知道,为何卑微低等的动物却具备天赋的本能,能感知地震的到来,齐心协力,拼命逃奔。

那个叫邢云飞的人,素来爱石,得到这块灵石,他爱它胜过自己的生命。家有珍宝,要保住,很不容易,一个有势力的豪强登门求观,一看到石头,他直接就拿起交给手下健仆,策马就走。有什么理?说什么理?追都追不上,徒自

他倚着栏杆看那潺潺流水,忽然看到水中桥桩旁有个发亮的东西,很像他失去的那块石头。他跑下去定睛细看,果然是它。

顿足。幸好石头自己不肯,仆人背着它过桥时,它就掉到河里。仆人该用鞭子抽,石头则悬赏百金来捞,河里整天都泅着凫着捞石头的人,但谁也捞不着。直到邢云飞来到河边,一眼望去,河水清澈,那块石头就在水中,等他。

豪强是强盗,看到直接抢;而大盗不盗,如某尚书,其行径就与贾赦、贾雨村相类,自古官对民,都是这么一套,从无更改。对付一介草民,随便扣一项罪名在他头上,再简单不过了,人在牢里,不怕他的妻小不拿东西来赎。邢云飞在牢里,情愿以死殉石,可他的妻子儿子,并没有其他的路可以选择。而石头落到尚书手里又会怎么样呢?石头不出云了,它就是一块普通的石头,尚书也就不怎么在意了,丢在那里。即使它仍然是块灵石,我想时间一久,它也不会再被爱重,得到手的东西并没有一样是好的,有几个真心人,会爱它一世?就像贾赦,他当时是看上石呆子的那些扇子了,他家里本来有的那些古扇,顿时全都不值钱了。他家里那些扇子怎么来的,说不定也是害了别人的身家性命才谋来。说不得,一个没有身价的草民想拥有价值连城的宝物,那不啻是把玩自己的命门。

石头是与邢云飞通灵了。他太爱它,它也就情愿归他,非他莫属。石头的化身是来找过邢云飞的,这位老叟,他自称是石头的主人,说它有九十二窍,内中有五个小字:"清虚天石供。"这个记认一验证,他确是主人无疑了,邢云飞无言可答,只跪求他割爱。那么,好吧,老叟的金口玉言是:"天下之宝,当与爱惜之人。"他说,石头能自己选择主人,我也喜欢,可是它出来早了,早了三年,魔劫未除。你如果现在就要它,就要减你的三年寿数,才能与你相始终,你愿意吗?邢答道:愿。于是老叟就以手指捏闭了石头的三个窍孔,告辞离去。后来邢的下狱、石的遭窃,都是劫数的体现，但无论如何，只要石头落在他人手中，它的灵异之处就隐藏起来，凡眼莫识，而邢云飞总能轻而易举地识认、获得。邢云飞的石头，满心欢喜地等待着与他重逢。

石头本有九十二个孔，捏闭了三孔，剩下八十九，就是邢云飞的寿数。到了这一年，邢从容地准备他的后事，叮嘱儿子，这块石头，一定要陪着他的。人之大限的悲哀，在于心爱的一切，都带不走，你竭尽心力，也只能完成在人世间对它的占有。人走了，心爱的东西怎么办？此等世情，最常见的，是书——爱书如命的人，身后留下满屋满柜的书，多被不懂得的家人、后人随意卖了，送人了。绳子捆扎着，板车拖着，运走了。书们失去了主人——晓得它们的价值，一本本把它们买来搜来，依序建构成一个体系的主人——孤单无依，前途无着。谁能保证它们能碰上同样的新主人，重获新生？很难。即使碰上，也一本本散在了各处，彼此失散。有谁知道这些旧书的悲怆。

石头随邢云飞下了葬，半年后被盗墓贼掘去。邢的儿子无处追查，他在路途当中，二贼突然汗流浃背地奔来，望空投拜，说："邢先生，别逼我们了！我们拿这石头，只不过想卖四两银子……"送到官府，石头又被官府看上，欲据为己有。在他把玩它的时候，石头突然坠地，碎成几十片。它到底回到了邢云飞的墓中，与他相始终。

这是一世的爱。虽是石头，亦不相负。与此相比，另一篇《鸽异》，爱的结局却是幻灭。那位少年，也是爱鸽成痴，与鸽通灵，可是，在他面见高官、深感荣幸的时候，他生出了杂念。他把珍异的鸽种，献给了高官。一连多日，没得到任何反应，他终于忍不住问起，高官只淡然说了句："味道也没什么特别的啊。"——这个回答，令他悔恨交加！而他的鸽子们，也都呼啦啦飞走，离他而去。鸽群飞了起来，多么美，就如爱恋的意象变化过程——纷然多端，旋起旋灭，终归一无所有，回到空寂。

2013 年 7 月 18 — 19 日

# 子非鱼

鱼爱上人的,白秋练不是唯一一个。生活在水中,鱼的灵性可能高于其他物种。"在海的远处,水是那么蓝,像最美丽的矢车菊花瓣,同时又是那么清,像最明亮的玻璃……"水底是一片未知的神秘世界。世世代代,都有美丽的鱼精从水底上岸,去找一个人,为了什么,你知道。我小时候很爱看戏曲电影《追鱼》,那美丽的鲤鱼精,最突出的品格是"情义",与另一个人间女子的势利冷漠形成鲜明对比,而鲤鱼本是依照她的模样变化成人的,两个女子,一貌二心,高下立判。

白秋练的品格是"风雅",她爱读诗。商人慕小寰的儿子慕蟾宫 —— 这父子俩的名字都好生奇怪,蟾宫,月亮也;小寰,小世界,鼠目寸光也。那么就是"月亮与六便士"的关系,父子俩情趣迥异。父亲带着儿子去做生意,泊船江上,父亲上岸去办实事,儿子就坐在舟中执卷吟诗。

一天晚上，慕翁被客人邀去饮酒，许久未归。蟾宫持卷吟哦，读得兴起，音节铿锵，颇为自得。

《白秋练》，蒲松龄原著，王育生改编，叶毓中绘画，人民美术出版社，1981年。

只见岸边伫立着一个妙龄女郎,风姿卓绝。少女看见蟾宫出舱,急忙转身避去。

他读得音韵铿锵,隐隐觉得窗外人影幢幢,并未在意。直到有一天夜晚,皓月当空,窗上现出一个清晰的人影,他才出外探视,看见一个十五六岁的倾城姝丽。她看见他,急忙避开了。

在白秋练和慕生的恋爱过程中,诗是个无所不能的媒介:可传情、可做媒、可问卜、可疗疾,还能让人起死回生。诗本来无所不包,什么题目都有人写,尽可作为你心事的空谷回音。白秋练喜爱的诗句,出自蒲松龄的精心拣择,其中含义,需要钻研一下方能曲尽其妙——

"为郎憔悴却羞郎",这是崔莺莺写给情郎的诗,把相思的心情形容尽了。这句诗里还有一种绝望的味道:她已不打算再见他了,用它来回复婉拒;然而,同样这句诗,用来形容情窦初开、却又矜持羞涩的白秋练,也恰是合适的。

"罗衣叶叶",王建的诗。王建多有名句传世,其诗往往语言简洁而富有哲理,如《小松》:"小松初数尺,未有直生枝。闲即旁边立,看多长却迟。""罗衣叶叶"写的什么呢?相思成疾的白秋练说,请慕生为她吟诵三遍这首诗,她就会好。果然,才两遍,她已霍然而愈,第三遍,她"娇颤相和"。而后来慕生为她生同样的病时,她也为他读这首诗,他说:"此卿心事,医二人何得效?"他自己点,药方是"杨柳千条尽向西"和"菡萏香连十顷陂",听她诵读之后,

蟾宫朗声吟哦,才念完第二遍,秋练已经揽衣坐起;念到第三遍时,竟然能娇声相和了。蟾宫大喜。

果然神清气爽,沉疴尽失。——这几句诗里的玄妙,不是我能解的,有人能够,我上网搜到有人特为此作的民谣《白秋练·罗衣叶叶》,甚妖调,惊艳。

白秋练为他俩的婚事占卜,翻开书卷,凄然泪莹。翻开的那一页,是李益的《江南曲》,她认为词意不祥。慕生宽慰她说,首句"嫁得瞿塘贾",已是大吉,何来不祥?《江南曲》的全文是:"嫁得瞿塘贾,朝朝误妾期。早知潮有信,嫁与弄潮儿。"这首诗引来用在《白秋练》里,真是绝妙!白秋练是鱼精,且是"白骥",珍稀的白鳍豚,生活在江中,按自然之理,她本应嫁与"弄潮儿"。但她想嫁的,不是"瞿塘贾",而是贾人之子,处处阻拦她的,正是慕生的父亲、商人慕小寰。一般说来,儿媳与公爹,很少有什么尖锐的冲突与矛盾,在此很不幸,白秋练与慕小寰恰好有着相抵牾的价值观。

害着相思病的白秋练是被她母亲扶着带上慕生的船的。先前其母来找慕生,开口就是:"郎君杀吾女矣!"——女儿为他生病,非他不能解了。她亲自为女儿做媒,慕生却不敢答应,怕父亲怪罪。白母于是被得罪,说,那么你们休想北渡。等慕小寰回来,慕生把白母求婚的事用尽可能好听的话禀告,希望他能答应。慕小寰很不以为然。他一来觉得两家距离太远,二个,他是听出来了一个姑娘家对陌生男子的恋慕,他瞧不起,一笑了之。当晚,他们的船的四周突然拥起沙丘，船被滞阻，开不走了。慕父并不着急，他知道每年都有客船留下守洲的，到来年桃花水溢，别家的货还未到，船上的货可以卖高价，他就留下儿子守船，自己先回家去了。他是毫不担心，在他走之后，儿子与此地那白家的女儿会不会私相授受——按照他方才那种合乎礼法的逻辑可以推引联想的——可见在他心中，利字第一，其余小事。等他回来，果然听说了恋情，他竟疑心儿子"狎妓"，并去仔细检点舟中财物——多么可怕！倘若风雅柔弱的白秋练在旁，她会不会骇极晕倒。所以，恋情最好不要给不相干的人知道，他人会怎么想怎么说，超出你的想象。照理，慕父居然那么去想过，白秋练跟他就做不得一家人，可是，她又爱这个商人的儿子，只能去设法相处。

慕小寰因为儿子害相思病，百医无效，危及生命，只好备车载着儿子再到洞庭湖边，寻访白氏母女。访而不得，直到白氏母女摇着船，从湖上过来。上船相见交谈，慕父看到白秋练，倒也喜欢，可是盘问起家族门第，知道不过是浮家泛宅、水上为生的人，婚姻之事，还是过不得他心上的门槛。慕父做得很妙：他把儿子的病情具实以告，希望秋练能到他们的船上去，"姑以解沉痼"。这个"姑"字，把慕小寰的心理刻画绝了。"姑"，就是姑且、暂且，暂且借你家女儿一用，安慰我的儿子，使他病好，至于婚事嘛，再说，我不说，你家最好也不提——他这算盘打得真叫个精刮！真的是商人。白母看透他的心思，当然不许，说无婚约，不可。可是，女儿在后舱露出半边脸儿，她听着两人的谈话，眼泪就要掉下来。白母只好准许了。慕生病愈，他父亲的口气果然转变：那女子呢，好是好，但是从十几岁起就在船上撑船，先不管她的贵贱，总归是不贞节。——多么丑陋的心哪，是谁让女子过船来，安慰你的儿子的，你当时怎不说会影响人家女儿的贞节。对着这么个准公爹，雅致不食人间烟火的白秋练反倒磨炼出来了，她说她懂得了，天下事，越急越远，越迎越拒，她要使慕父心意回转，自己来求她。商人之志，不过在利，她有办法知道物价，他们船上的货物，赚不了什么钱，若置办某物，可获三倍利，置某物，可获利十倍，让慕蟾宫去告诉他父亲，姑且一试，看灵不灵。一旦她的话应验，她就是慕家的好儿媳。当然！不出其料，慕小寰自己办的货，全亏了；将信将疑地听从白秋练所置的少量的货，都赚了。这样的儿媳怎能不要呢，娶了她，分明是迎接财神进门哪。

白秋练，就这样嫁了。离开抚育她、守护她的母亲，换一个家庭来生活，这个家庭里既有她的如意郎君，也有不那么可亲的公爹。从此她的日月中，包含着对母亲的思念与担忧，这是一种缺失，女孩儿嫁人了，就不能陪伴她的母亲了……还有水的问题，鱼儿离不开水。白秋练嫁到了北方，

回到家中,自办的货物全都亏了本,秋练嘱买的货物却获利甚高。慕翁不由得暗暗佩服秋练有预见。

带去了许多坛洞庭湖水,每餐饭都要像添加佐料一样,往饭里倒进一些湖水。有一回慕父南下迟归,家中湖水用尽,她就奄然死去——商贾慕小寰,确实是"朝朝误妾期",蒲公笔法,无一遗漏——要等到湖水送到,她才能复活,而在等待湖水的日子里,慕蟾宫必须每天早、中、晚三次为她吟诵杜甫的《梦李白》,她才能维持死而不朽。诗之于她,甚至与水同等重要,但是生活中,不仅仅只有诗的风雅,还有许多实际的内容。《白秋练》的连环画,叶毓中的人美版和颜梅华的天津版都是佳作。叶版的白秋练体态婀娜,柔若无骨,恰是不食人间烟火的诗魂化身;颜版的白秋练容貌、体态都朴实真切,与邻家姑娘无二,与此相一致的是,贯穿于故事其间的人情、世情刻画入微,真实可触。

子非鱼,不知鱼做出的牺牲,她离开水到岸上的人间去生活的苦痛。没有什么幸福是不需要牺牲的,电影《追鱼》里对鱼彻底变成人的解决办法是:鲤鱼精必须忍受拔鳞之痛。七七四十九层鱼鳞,在菩萨念的咒语中一层层拔除,鲤鱼愿意身受。她痛得剧烈翻滚,飞沙走石,天昏地暗——这种痛或许不是虚拟,女人的分娩之痛,差可比拟。反正痛不到男人身上。他最好在旁边看过,从此就知道该怎么疼惜女人。

2013 年 7 月 13 — 14 日

他觉得奇怪,猛然跑出去一看,只见是一个长得十分美丽的姑娘。姑娘看见蟾宫,急忙转身要走,但又回过头来,羞涩地望了蟾宫一眼,才走开了。

过了一会儿,父亲回来了,蟾宫把老太太来过的事,委婉地告诉了父亲,很希望父亲答应下这门亲事。他父亲听了只笑了笑,并不理他。因为他是饱经世故的人,在他心目中,江湖上不会有规矩的姑娘。

慕小寰走了以后，蟾宫心里暗暗高兴，恨不能马上去找那老太太，可是当初又没问清老太太的住址。因此心里十分后悔，只好闷闷地回船上去。

到了湖北好几天，也不见老太太经过，蟾宫为了爱情，慕小寰为了赚钱，他们都怀着焦急的心情，注意着往来的船只。

《白秋练》，蒲松龄原著，张明文改编，颜梅华绘画，天津人民美术出版社，1979年。

# 汉皋解佩

《聊斋志异》中有《竹青》一篇,跟武汉有关。竹青是一只雌乌鸦。湖南秀才鱼客在湖北富池谋事不遂,饿死在吴王庙中,吴王给他一件黑衣裳,他穿上就变成了乌鸦,竹青是吴王赐给他的妻子,夫妇意甚得,雅相爱乐。鱼客变成的乌鸦不懂得食物可以是诱饵,被人投石击死,他死后又回到了人的世界,他想念竹青。三年后他又来到富池,参拜吴王,备下许多食物,分散给林中旧日的乌鸦伙伴。"感谢你们对我的情义,请你们吃点微薄的食品吧!如果我的竹青还在这里,希望你最后留下来!"众乌鸦在他头顶翻飞,认不出哪一只是竹青。乌鸦们吃完食物,在空中流连盘旋了一个时辰,渐渐飞走,一只也没有留下。鱼客惆怅伤感,一年后,他再次来到故地追念,夜宿江边客栈。他一个人独坐在烛光里,突然几案前如飞鸟飘落,一看,是个二十来岁的丽人。"别来无恙乎?"她问他。这就是竹青,她已经做了汉水神女。

夫妇欢聚，鱼客要竹青跟他一起回湖南，竹青却要他到汉水去安家。鱼客家有老母，不能长期远离。这个问题，直到鱼客睡着的时候还无法决定，等他醒来，却在一间幽雅的绣房里，这是汉阳！"妾家即君家，何必南？"竹青笑吟吟地对他说。可是，仆人呢？还在船上。船钱也还没付？船夫不会等着我。放心，我都安排好了。——那边厢，船夫一觉醒来，发现船竟然泊在汉阳，目瞪口呆。他去解缆绳，缆绳却死死地缠结在岸边的石桩上，怎么也解不开。仆人到汉阳城里找鱼客，一点踪迹也找不到，只好和船夫守在船上等候。这一等，就是四五个月，鱼客在汉阳过着神仙日子，非常快乐，直到他开始思乡，想回湖南。竹青在汉水为神，不能离开，只能让他两地奔波。鱼客醒来的时候又身在舟中了；这时，仆人和船夫也惊叫起来，他们发现一夜之间又回到了几个月以前泊船的江村，一抬头又看见鱼客居然从舱里出来，更加惊奇不置。问他，这是怎么回事？鱼客只含糊其辞，说是被仙人请去做客了，于是多付船钱，解缆归家。

这个故事，我从小就读过。当时觉得很新鲜，故事里的地点少有离我这么近的，武汉，也不像一个可以进入古代情节的城市。其实武汉的古代元素还不少：古琴台，是"高山流水"的所在地；隔江对峙的晴川阁、黄鹤楼，都因令李白都自愧弗如的崔颢的诗而声名赫赫："晴川历历汉阳树，芳草萋萋鹦鹉洲"；"昔人已乘黄鹤去，此地空余黄鹤楼"。为什么我认为武汉不古代呢？盖因，古代是一个遥远的地方，那里的人们，一定说着跟我很不相同的话，过着我在梦境中才会过的日子。武汉离我太近了。虽然在十七岁之前，我也没有来过。

天津版的《聊斋》连环画之《竹青》一册，景物画得富有情韵，松林古庙，江上明月，岸边泊船，城廓楼阁。竹青住的楼阁，是在汉水的中央，依稀有点黄鹤楼的韵致，大概画家也稍有借鉴。黄鹤楼很古老了，三国时始建，为江南三大名楼之首，现为国家5A级景点。一旦成为著名景点，它就是外地客人第一会去游览的地方。1989年，我刚到武汉读大学时跟同学约好了一起去，结果，一行二十多人的队伍，我给弄丢了，他们都进去了，我没有去成。我一个人打算沿路走回学校，忽然回头的时候，街边有个年轻的男子走在我后面，他似乎看出了我的问题，跟我聊了两句，递给我一元钱，这钱他好像早就拿在手里了，大约我方才的彷徨逡巡他都看在了眼中。

后来我就一直在武汉了。越是本地人，离本地的著名景点说不定更远，黄鹤楼我至今没进去看过。岳阳楼我反是去过了，它浩浩汤汤地立于洞庭湖之滨，夕阳西下，给我深刻而强烈的印象。生活向来在别处。其实看黄鹤楼，在经过武汉的火车上看最好——冷不丁听旁人说声"哟，黄鹤楼！"，赶紧仰头，见一座金黄色檐角翘然的楼宇矗立于蛇山之上，倏忽就掠过了车窗的取景范围。惊鸿一瞥加上仰视的角度，能在外地客心上烙一个印。

如今，我已在武汉待了二十多年，仍是"对武汉不熟"。去了多少次的地方，我还会坐反公汽的方向，迷糊。我不知道武汉三镇是怎么个格局，长江和汉水是怎样划分它的。2003年，外地朋友来武汉，我陪她们玩了一天，晚上坐公汽回武昌，经过一座大桥时她们问："这是什么桥？"我硬着头皮答："长江大桥。"车上人很多呀，我真怕他们听到错误的答案对我投来怪异的一瞥。怎么办呢，我这人。我在武汉，又好像不在武汉，因为我很少出来走动，我只在我的小宇宙里生活。

不过，时空的模糊感、迷惘感或许是有好处的，它可以造成艺术的妙境。

《竹青》里的妙境在于，鱼客可以在距离遥远的两地自由穿梭，他拥有一道特别的时空门。而他往返的两地是固定的真实地点，汉阳，是他隔一阵就要穿上乌鸦的黑袍振翼飞去的地方。竹青给他生了三个孩子，大的叫"汉产"，小的一对双胞胎，男的叫"汉生"，女的叫"玉佩"，都提示

原来就在这天早上,鱼客的仆人和船夫醒来一看,船竟停泊在汉阳江边,都吓得目瞪口呆。船夫去解缆绳,缆绳死死地缠结在岸边的石桩上,根本无法解开。
《竹青》,蒲松龄原著,吴同宾改编,罗希贤、钱自成绘画,天津人民美术出版社,1981年。

这时仆人和船夫也都惊叫起来,原来他们发现一夜之间又从汉阳回到了几个月前泊船的江村。他们看见鱼客从舱内出来,纷纷询问他的行踪,想了解这件奇事的底细。

着汉阳、汉水的背景。汉水在武汉，在龙王庙汇入长江。汉水女神是中国最早、影响最为深远的江河女神。她不仅出现在《诗经》《楚辞》的文化系统之中，也存在于春秋、战国以来的祭祀文化系统之中，蒲松龄，则把她写进了《竹青》。汉产出生三天后，许多汉水的神女都带着礼物前来贺喜，她们按照汉阳的风俗，走到产妇床前，用拇指按一下孩子的鼻子，说声"添福添寿"。有一位仙女，穿藕白色衣裳，竹青指给鱼客看，说她就是"汉皋解佩"中的一位。"汉皋解佩"的典故，背景也是汉水："江妃二女者，不知何所人也。出游于江汉之湄，逢郑交甫。见而悦之，不知其神人也。谓其仆曰：'我欲下，请其佩。'……二女遂手解佩与交甫。交甫悦，受而怀之，中当心，趋去数十步，视佩，空怀无佩。顾二女，忽然不见。"

连环画《竹青》中的几幅时空穿梭的节点的图画，特别有情趣。船夫的小舟船，莫名其妙地停泊在汉阳江边，他使劲地解缆绳不开，旁边的大船舱里的人，都好奇地往这边看。大船、小船，都画得十分精细，让人想住进去。仆人到汉阳城里寻找鱼客，那城中的街市，有些像《清明上河图》的局部，集市上人人自在，仆人的呼唤，让酒肆里的茶客回过头来。而几个月之后当鱼客突然神奇地从船舱里走出，不仅船夫和仆人惊奇，连岸上的两只大白鹅也好奇地扑凑过来,张开翅膀,想必在嘎嘎叫,表示好久不见。岸边的大丛芦苇、茅草屋、张网捕鱼的渔夫……这些是古代,他们在古代。古代的汉阳,庶几如此。

             2013 年 5 月 16 — 17 日

# 人生若只如初见

80年代的《聊斋》系列电视剧,曾风行一时。它只是由地方电视台拍摄,然而,80年代古装剧集的朴素与深挚,是时下不可及的。我其他都忘记了,唯独记得《葛巾》的开头:嗜爱牡丹的书生,在异地花园的牡丹花丛中见一女子,她翩然回过身来……那位女演员,并非秉国色之貌,但她那一回头亮相的姿态,真有天香之艳。葛巾是牡丹花仙,她与牡丹须神似。当年,是很有些女孩子,可以用"如花似玉"来形容的,当今,我觉得这个词再也用不上了。满街都是时尚美女,她们的长相已经按时尚的模型铸就,在妆容覆盖它之前。有型,有款,够酷,拉风,可我不动心。很怀念从前那些清水芙蓉一样的姑娘,就像出演《聊斋》剧集的那些女演员,不甚知名,不知所踪,不受污染。我这样想:她演过葛巾,那她就是葛巾,不必再去找她了。

书生常大用爱牡丹成痴,为牡丹作了许多诗。当他在花丛中遇见一个"宫妆艳绝"的女郎时,他惊艳无词了,只会跪下说出一句:"娘子必是神仙!"陪伴女郎的老妪呵斥他,说要拿他送官,女郎却只是微微一笑。他逃回家中,自悔孟浪,怕真有人前来问罪,惶惧万分;想到女郎并无愠色,又心怀侥幸;而一旦不怕,又转为相思煎熬。如是三日,憔悴欲死。老妪给他送药来了,说是葛巾娘子亲手调制的鸩汤,让他快喝下去!他答道,与其相思而病,不如仰药而死,就喝下这碗毒药,顿时神清气爽,一觉醒来红日满窗。这女郎,必是神仙?等他再见到她的时候,他不禁更加虔诚地拜伏于地。女郎伸手牵他起来,指给他看她住的地方,四面都有红色的窗子,并说夜晚可以"花梯度墙"。言罢离去,他魂飞魄散。要不是其后还有若干波折磨折来让时间胶着,女郎的这句话,真应了她自己被他搂入怀中时说的那句"何遽尔!"——这三个字,也没法翻译成白话:怎么这么快?怎么这么急?美感顿失,真是我们中国人的损失。文言不用了,后生小子能懂否?你可以把她这三个字,意会为抽象的一句嗔怪。

他当夜果真花梯度墙,隔窗而窥,见女郎正与另一素衣女子对弈。老妪也在,还有婢女。于是折返,凡三往复,已过了三更天。他伏在墙外的梯上,听见终于出来的老妪说:"梯子谁放在这里?"让婢女移走,他下不去了,只得回来。

次日又去，沿梯而下，这回，女郎正在屋内独坐，见他来，惊起。"何遽尔！"就是在他立即有所行动时说的，他这回答得甚好："好事多磨，迟为鬼妒。"答得好，一语成谶，有人来了，他只得躲到床底。又是那素衣女子玉版，来约葛巾再战通宵。不肯去，困了？"莫不是你这屋里藏了男子？"硬把她拉了去，人去屋空。常大用膝行爬出，恨极。在屋内翻找，找到一个水晶如意，把它带回，对之怀想。这如意却又是玉版的，次日葛巾来找他要，她来他这里了，说他不是个君子。他说，他之所以不君子地拿走如意，就是为了"如意"。

如意得真不易。好事多磨，把他磨得半死不活，但后来回想起来，这却是最有味道的一段，一波一折都回味无穷。好事得谐，然后就一顺百顺，她不仅不远千里跟他私奔回了家，还把玉版妹子也接来嫁给了他弟弟。日子过起来，兄弟二人都得了神仙一样的美人，各自生了孩子，又日渐富有。假如最后不道破她俩是牡丹仙子，为常大用的诗句所感才以身相报，未免会觉得，葛巾的委身稍欠矜持。而实际上她的风度中，又始终保有着矜持与神秘，她神秘而高贵。她究竟是什么人呢？人向往幸福，但，幸福最好永远与人隔着一段距离。当它终于在你手上，它就像，一朵巨大的牡丹花，饱满，盛开，尽态极妍，就在枝头。它是这么地大而沉重，以至于花枝都有点承不住了，颤摇不定。它是我的吗？它就这样是我的了吗？最初的眩晕渐渐过去，花，也过了盛放期。一朵花能开多久？即使是花王。因为是花王，特别地大而美，它的凋败，也特别地惊心而伤感。牡丹，它也会零落成泥碾作尘？

常大用心里的谜团，随着"如意"的得遂、日子的平淡而渐渐深浓。他确实从来没有搞清楚，葛巾究竟是什么人。初见时，他脱口的那句"娘子必是神仙！"，是惊叹，是忘我，他在不知道中准确说出了答案。当时当地，她是他的神仙，即使有人告诉她，她不是他的同类，他也一定不管不顾。她是花神，他何幸也；她是"花妖"，他也无惧，宁可牡丹花下死！只可惜，死过之后人会清醒，高潮之后是降落，复归平常。没有人能够停留在最高点，除非在那一瞬间真的死了。

后来，他就不断地追问她，她的姓氏、家人。——你不是说我是神仙吗，神仙就没有名字。她这样回答。两年后，她和玉版都生了孩子，她才说了一句：她姓魏，母亲封曹国夫人。他心想曹州并没有魏姓世家，而且大户人家丢失了女儿，怎会无人追究？他的疑心不敢说出来，但托故又去了一趟曹州，探访，真的没有魏姓。他宿于旧馆，忽在墙壁上看见一首赠曹国夫人的诗。于是问主人，主人笑了，带他去看，一株齐檐高的牡丹，曹州第一，这就是曹国夫人。他问，这

《唯有牡丹真国色》(局部),项维仁绘,选自《项维仁古典人物新作选》,天津杨柳青画社,2013年。

牡丹是什么品种？葛巾紫。他骇住了。返回家中，不敢问她，只把这首赠曹国夫人的诗念给她听。葛巾，脸色骤变。

她折身出去。把玉版叫了来，两个人都抱着孩子。"三年前，感君见思，遂呈身相报；今见猜疑，何可复聚！"——多决绝的话语！我来，是因为你爱我；现在你在猜疑我了，我就走。

她与玉版把孩子向地上一掷，渺然不见。她走得快，走得及时。赶在爱情褪色之前，她抽身走了，留下他去悔恨。孩子落地的地方，几天后长出了两株牡丹，正是紫色葛巾、白色玉版。这结局也够浪漫了，葛巾若不断然离去，她的美丽会被庸常的日常生活日益消解。

十多年前，我读到一本《文学百美批评》，内中写到葛巾，把她归到"神秘"一章，小标题是"不可侵犯"："每一个女人都有自己不同的隐私，而男人往往并不确切地知道什么是女人不可侵犯的地方。由此，女人的神秘令男人莫测，不知在什么时候触摸了她的禁区而失去了她。"这句话，挺准确，但后面的观点，却不甚准确了，作者认为葛巾的身份是她的禁区，她竭力维护，不惜决裂。我认为，不是。关键还是常大用的猜疑，对她是种冒犯。他再是小心翼翼，意思仍在那里——你，不是人，你是妖？他小心翼翼地说话，察看她的反应。要知道，这是一种侮辱！就我的理解，在人际交往中，我最受不得的就是猜疑、试探，哪怕是一点点。我是真的，你不信？赤诚换来的应该是同等的赤诚，如常大用最初的诗篇，最初的相见，他的爱慕与倾倒，令牡丹以全部的身心来呈报。可惜，人间的一切都会褪色，花开过之后会谢，情浓过之后转淡。常大用得到了牡丹的一切，却渐渐不再当她是仙人了。

人生若只如初见。他惊为天人的那一刻，或许，唯有断然离去才能唤回他的记忆。

"何遽尔！"她吹气如兰的这三个字，犹在耳边，现，她已走了。

2013 年 4 月 26 日 — 5 月 2 日

# 凡尘·神界

云萝公主不怎么给人以好感。她大约是个仙女，且是仙籍中的尊贵公主，九天仙女下凡尘，与凡人结缘生子，还经常回到天上去。天上一日，地上一年，她一走音信杳无，她的凡间丈夫等到无望，两年多以后她若无其事地回来，还说天上才只过了两天半，她说三日回，并未逾期。她一现身总是群婢簇拥，她若坐下，则是左边一婢伏在座位下供她踏左脚，右边一婢供她踏右脚，还有两个婢女把她夹持在中间服侍，随时要把肩膀供她伏靠——真是挺讨厌的，不记得是否鲁迅先生对此评论：何谓压迫？这就是活生生的压迫。也许蒲松龄就没把她写成个正面角色，明白地写她"四肢娇惰，足股屈伸，似无所著"，一副没骨头的样子。她怀孕了，要生产，自言单弱不胜，脱下她身上的衣服给婢女穿，生育的重任就由婢女代劳了。享乐的事全归她，吃苦受罪归别人，这样的人就是厌物，谁有兴趣跟她饮酒下棋。

不过，云萝公主说过几句有意思的话。安大业望穿秋水，公主终于来赴佳期，她请他暂且释手，说出两种选择给他听："若为棋酒之交，可得三十年聚首；若作床笫之欢，可六年谐合耳。君焉取？"他的答复是："六年之后再商之。"公主说他未能免俗。她的话，是女对男说的，又是神仙对凡人说的，哪个凡夫俗子能免俗！颠倒过来，设若是男对女说，凡人对仙人说——这假设的前提就没可能——那倒是有些女子会选前者，痴女子，想着三十年远远长于六年。另一些女人会想，三十年，随是什么绝色红颜，也都枯萎凋谢了，那还不如要六年的盛放。六年盛放，已是很长了，我刚在一本女性小说里看到作者总结，一对恋人最好的时期，也只有十个月。十个月之后，一切云端里的感觉全部落实到了地面上。如果仍然谐合，那就成了伴侣，成了凡间夫妇；不再和谐，过不下去，那就是缘分已尽，迟早要分道扬镳。

逻辑，是隐藏在那两种选择之中的：正因为只是棋酒之交，相处才能持续三十年；要纵情尽意，能持续六年已经不错。缘分之说，信否？我信，许多的奇遇、巧合、心有灵犀，证明了它的存在。假如它确实存在，那么它的量，也应是注定了的，少用则长，多用则短。"细水长流"，平凡的民间俗话已经包蕴了这些你磕磕碰碰才得来的了悟，云萝公主的一些话语，也是蒲松龄自己的认识："人生合离，皆有定数，撙节之则长，恣纵之则短也。"这是她常常回到天上去的原因。她的丈夫，也渐渐习惯，不再悬望，她最后一去不复返，他也依然将他的日子过下去，带着她和他生的两个孩子。

各种故事里，仙女下凡的个案非常多。思凡的总是仙女，不惜放下高贵的身份，与一个最平凡的人间男子结成夫妻，多方扶助他，让他如愿以偿——这，当然得看这些故事是谁创造出来的，满足的是谁的幻想，连一个人间放牛郎，都会招来天上的织女，或七仙女的眷爱。反过来的情形是没有的。男性神仙到人间来，是为了悠游，为了显示本领，为了赏善罚恶，为了点化某个人，决不是为了某个人间的女子。因为人间的男人们不允许。

香港的林迈克，他对这一问题的论述十分精到："仙凡恋的故事闪烁着人的骄傲，神仙静心修成不坏之身，还不如在凡间与有情人同甘共苦。历劫的仙人最值得铭记于心的还是在人间短暂的酸甜苦辣。下凡前的日子是一片苍白，往后无尽的悠游也是单调无比的……"这道理谁都明白，你再往下看，会佩服他的高论："仙女的观念比鬼狐接近人，愿意依循道德指示过日子，假若对性的好奇是出发点，她们很快就得到满足，不再继续探索。这些上方的亲善大使之中没有淫娃荡妇，品流一般十分纯，不若鬼狐的良莠不齐……"

云萝公主，是否如此？她下凡不是为了热烈的爱，反而劝说她的丈夫要一种清淡的爱，用神仙的观念改造他。适度的脱俗，可以产生妙境；而完全脱俗了，做人也像做神仙似的，保持棋酒之交三十年，那杯三十年的酒是越来越醇还是越来越淡，天知道。所以《云萝公主》中仙凡恋的部分无甚魅力，它的核心在于对某些"定数"的印证，故事性则要靠人间遭际来维持。

与云萝公主形成鲜明对照的，是《罗刹海市》里的龙女。她也是仙女，是公主，也是嫁得了人间有才华的美男子，但她是多么可爱可敬！美男子马骥，出海遇到飓风，先漂流到罗刹国，那里人们的美丑观念与中华截然相反，故将马骥目为妖怪；后来到海市龙宫，龙王赞赏他的才华，待他极尽优渥之礼，并把心爱的女儿许配给他为妻。在这里，见不到仙人与凡人的不平等，只有诸海龙君、武士侍卫等所有人对这位人间驸马无尽的优待、尊重、体谅与迁就。宫中的一切珍宝，琉璃玛瑙、琼花玉树，都呈献给他；马骥与龙女琴瑟和谐、情深似海，只是他离家日久，思念家乡和父母。当他向公主提出来的时候，公主说仙凡路隔，她不能跟他一起回去，但她不忍心以夫妻之爱夺去父子亲人之间的欢乐。她与她父亲商量的结果，是龙王立即为爱婿准备行装，马骥尚有探亲之后再来团聚的意图，而龙女平静地说道：

你我的情缘,到此为尽了。"归养双亲,见君之孝,人生聚散,百年犹旦暮耳,何用作儿女哀泣?此后妾为君贞,君为妾义,两地同心,即伉俪也,何必旦夕相守,乃谓之偕老乎?"——她想得这么清楚,这么透。身为尊贵的公主,她丝毫没有凌驾他人之上的念头,她爱丈夫,更体谅丈夫而选择分离,认为只要两地同心,就仍然是恩爱夫妇,不必旦夕相守。这符合神仙的观念,同时又具备凡人的感情,龙女对感情的克制、自持,尤为动人。她已经怀孕了,请马骥给腹中的孩子起好名字,三年之后,她会把孩子交给他。三年后,马骥如约到海上去,果然接到自己的一对儿女:龙宫、福海。附上的一封公主写的信,真挚感人:

……忽忽三年,红尘永隔;盈盈一水,青鸟难通,结想为梦,引领成劳。茫茫蓝蔚,有恨如何也!顾念奔月姮娥,且虚桂府;投梭织女,犹怅银河。我何人斯,而能永好?兴思及此,辄复破涕为笑。……

这是一位仙女在倾诉离情吗?与凡间妇人全无二致。她怅望海水,无边无涯,正如她内心的痛苦和深情。但她想到嫦娥、织女,一样是孤单冷清地住在天上、望着银河,她想自己算得了什么呢,怎能奢望与心爱的人相守到老。一对孪生儿女已生下了，长到了三岁，现送到丈夫的身边，当他把他们抱在膝头，就如同她身伴他的左右。她这一生，决无二意，至死不再有其他的念头，妆匣之中再不预备香脂芳膏，对镜梳妆也永远舍弃了眉笔和轻粉。她只当丈夫外出远行，她则像望夫的妻子，就好比一对琴瑟，即使长久不弹，也不能说那不是一对琴瑟——这个比喻新奇，也的确给人以安慰。人生自古伤离别，即使是仙女，也要忍受离别之痛。是因为见得太多，出于无奈，蒲松龄才写下了这么多"从此遂绝"的故事，将自己一颗凡人的心导向清淡、节制、超脱、安然？

2013 年 6 月 4—6 日一稿<br>
2013 年 11 月 15 日二稿

# 百年大梦

华盛顿·欧文（Washington Irving），19世纪美国作家，享有"美国文学之父"的盛誉。他的作品不算多，仅《见闻札记》等短篇故事集，若按王朔论鲁迅的观点，就凭几个短篇，怎么立得住，但你若亲身去读，就会下结论：他完全立得住。在欧文的时代，美国还是一个年轻的国度，刚刚赢得独立，在文学上未能摆脱英国的束缚。一个英国作家，以极为轻蔑的口吻说："有谁会读一本美国的书呢？"欧文在他的《英国作家论美国》中对此作答："……荣誉和声望并不单靠英国的意见，广大的世界才能给一个国家的名誉做出公断。"此文被视作美国文学的独立宣言。

欧文最值得称道的是他的语言。欧文的爱好者，可能忽略他作品的其他意义，读他，就为了他行文中的美，妙不可言——精纯、雅驯、流畅、幽默，温情脉脉，乐音袅袅。英语本是英国的，欧文是美国的，他把英语写成这样，真是英语的造化！仓颉造字闻鬼哭，读欧文，也令人有天地震动，欲拔剑起舞之感。

《瑞普·凡·温克尔》，这个脍炙人口的短篇，林纾译的标题较好：《李伯大梦》。瑞普是个好脾气的、惧内的乡间汉子，他信奉中国老庄式的"无为"哲学，厌恶一切有好处的劳动。他过得优哉游哉，宁可只有一个便士而饿肚子，也不愿去工作挣来一个金镑。家里的事，田里的事，他都不愿意干；而村里的事，邻居的事，他全都乐意帮忙，热心快肠。自己的事不做，别人的事都做，结果必然是，他广受欢迎，村中所有的主妇都喜爱他，只除了他自己的老婆。有一天，他因躲避家中悍妻的咆吼，带着狗逃进了一座山谷。在喝下了一群奇怪的人的酒之后，他睡着了，一觉醒来，他的胡子长到了一尺多长，回到村里，没有人认识他了，这村子也变得他完全不认识了。他一觉睡过去了二十年……

这个故事，源自日耳曼民族，各国也多有类似的故事。一个人，走到一个不知所以的地方，陷入了时间的空洞，逃避了现实世界。《聊斋志异》里有《贾奉雉》一篇，与此相似。

贾奉雉是一文士，才名冠绝，而屡试不第。他偶然结识的郎秀才，指点他说"文章虽美，贱则弗传"，建议他还是以考场时文为标准求取功名。他以一些人的文章为例，贾奉雉大不以为然。郎秀才说，假如您甘愿怀抱着自己的文章终老则罢了，否则，那些帘内考官，他们自己都是以此等文章进身的，总不会在批阅您的考卷的时候，另换一副眼睛肚肠。贾奉雉不听。郎秀才自己不求功名，但诚意要帮助贾奉雉，在考试前夕，他又来了，给贾出了七道题目让他作文。贾奉雉写好了，他看了不满意，重写，他仍不满意，于是贾奉雉恶作剧般地从他平素最看不上眼的文章中，挑出一些陈词滥调，都是些又臭又长的句子，连缀成篇，给郎秀才看。不料郎大加赞赏，说：可以了！做文章的诀窍你得到了！叫他熟记，贾说这怎可能，就算刻在我身上，我也记不住这样词句。郎生就强迫他把七篇文章朗读一遍，然后让他脱去上衣，用笔在他背上画了几道符。这几道符，深入肌理，洗也洗不掉。等到进了考场，一看考题，恰是郎生出的那七道，而他竟然思路断绝，平时文章怎么写的，一点也想不起来了，唯有开玩笑拼凑出的那七篇文章，历历在心。他握着笔，感到羞耻，想稍作改动，可俗滥之文仿佛也有其固有逻辑，反复思考，居然一个字也改动不了！太阳偏西了，他只好把它们照录出来，交卷出场，回到家中恍如隔世。不久，发榜了，他竟然高中头名。他把那七篇旧稿找出来重读，一读一身冷汗，七篇文章读完，里外衣服尽湿。这几篇文章一面世，他还有什么面目见天下的读书人！正愧怍无地，郎生忽然来到，说求中得中，为何烦恼？贾奉雉说，他自感是

"金盆玉碗贮狗矢",无颜见人,打算遁世。郎生说这样倒也清高,只怕做不到。贾奉雉想了一夜,次日清早说决心已定,就跟着郎秀才走了。

这就是时人后人传说不解的一桩怪事:贾公奉雉,在科举的捷报送到之时,忽然逃走不见了。他不是一直想考中吗?为何考中了却要逃呢?又逃到哪里去了呢?其实稍有文章修养的人,都能理解贾奉雉的感受:文章千古事,得失寸心知。你的文章,就是你。那几篇烂文章,绝对不是出自他的本心,却为他赢来了功名,还将刊行天下,作为他的"立言"。功名何物,徒自贻羞!平时写的那些绝妙好文,不能流传,传扬出去的偏是这么几篇不可告人的东西,谁能相信它们是一个玩笑?功名可不是玩笑,一旦得到,则正式上道,那些因此趋奉过来的人,他们正是与那些俗臭文章相迎合的人,怎么可能和他们谈得来,又该怎么跟他们打交道。一句话,再无面目见人,也再无见人的兴致。走吧!从此真切地知道,功名需要什么样的文章去换取,它完全不是自己的追求。

郎生是神仙中人,贾奉雉是跟着他走的。神仙之地,在哪里?穿过深山,越过荒野,人们常常想象,在地老天荒之处,真有那么一个地方,遗世而独立。进入了那个空间,也就进入了另一个时间,假如要寻求物质上的解释,可以请教爱因斯坦，他会用光的速度，证明光线可以发生弯曲，时空的确具有另一种流动性。人，抵达了那里，是否心也跟去了，真的将人世的一切置之度外？贾奉雉对神仙师父说他的心已坚定，能够经受考验。他独坐室中，四周寂静，感到自己的五脏六腑澄澈空明，周身的脉络都清晰可数。老虎来了，他不为所动；老虎嗅他，他闭目凝神，告诉自己这是幻象。老虎走了，有美人来，轻声在他耳边说：我来了。——听声音，好像是妻子，这也是幻象吧？是师父变出来试他的。他仍闭眼不动，美人又笑道："鼠子动矣。"——这是他与妻子的闺房隐语，他不觉睁开眼，真是妻子，神情幽怨，怪他为何不告而别。这就叫"世人都晓神仙好，唯有娇妻忘不了"吧，人心总有一个最软弱之处，譬如在梦中，忽见携手一生的爱人年轻时的样子……分不清是真是幻了，贾奉雉情不自禁地跟妻子偎抱着说起话来，两人恢复了人间情状。忽尔天明，师父呵斥的声音由远及近。妻子慌慌张张地翻墙逃走了，贾奉雉也心有遗憾地被郎生送走。他站在山上往下俯瞰，能看到自己家的村庄，仿佛很近。一步步走回来，却发现村中景象全变，与人交谈才知道已经过去了一百多年。他短暂的出走，竟是一场大梦，而他的妻子也在他走后数年忽然大睡过去，直到一个多月前才醒来。夫妇相见，确乎隔世，他们的重孙都已是老人了，而他俩还年轻。

"从树隙中,他可以俯视连绵数英里的整片密密的树林……河流到苍翠的山麓之间就看不见了。他从另一面望下去,只见一个荒凉、寂寞、乱蓬蓬的深谷,谷底填满了从危崖绝壁上落下去的碎屑,隐约还有几缕落日返照的余晖……"《李伯大梦》中瑞普即将堕入时间深谷之前的这段描写,颇可以安插在《贾奉雉》的同样位置,而贾奉雉下山回村之前的那句话,也可与《李》互文:"贾俯视故村,故在目中。"

蒲松龄在篇末评说:"贾生羞而遁去,此处有仙骨焉。"此语切中了他自己的某种心理。《聊斋》的多篇科举题材的小说中,可见作者矛盾心态的不同侧面。蒲氏考了一辈子的乡试,屡考屡不中,被折磨得如痴如狂,从而也对科举有了最痛切深刻的认识。他既向往,又鄙弃;既嘲笑考官有眼无珠、狗屁不通,又常常赋予他欣赏的文士以金榜高中的理想结局。他不是不明白,科举需要的是什么样的文章,如郎生对贾奉雉所说:"天下事,仰而跂之则难,俯而就之甚易",意思是说,你的文章,不是写得不够好,而是写得不够坏。说易其实大不易,要一个文章写得绝妙的人把文章往差里写真是太难了,越用功,离它越远,南辕北辙。贾奉雉也道出了作者的心声:"学者立言,贵乎不朽……如此猎取功名,虽登台阁,犹为贱也。"一个天才,被一个不正确的体系驾驭了命运,好在他也一直在写《聊斋》,那是他真正的"立言"。时间筛选,能留住的,终究能留住。

2013 年 11 月 6—8 日

# 计白当黑

80年代末,汪曾祺改写过一系列《聊斋》小说,题为《聊斋新义》,其中有《瑞云》——

> 瑞云越长越好看了。初一十五,她到灵隐寺烧香,总有一些人盯着她傻看。她长得很白,姑娘媳妇偷偷向她的跟妈打听:"她搽的是什么粉?"——"她不搽粉,天生的白嫩。"平常日子,街坊邻居也不大容易见到她,只听见她在小楼上跟师傅学吹箫,拍曲子,念诗。

经他一写,"聊斋"味马上变成了汪曾祺味,这个开头,与他那些江浙风俗小说何其相似!我以为《瑞云》已经写得很满了,没什么可挖掘的余地,人物、情节、立意,都是简单而圆、奇巧而满。可汪曾祺还是找到了空白。

《瑞云》的情节，也为人熟知：杭州名妓瑞云，色艺双绝，与贺生互为知音，而贺生家贫，两人不能相聚。有异人相助，在瑞云额上点了一点，污损了容颜，她沦落为粗使之婢。贺生不弃，将她赎出成婚，然后异人再度现身，恢复她的美丽——从此事情，十全十美。

问题可能就在这里：世间事，有可能十全十美吗？

90年代初，我曾去旁听中文系老师讲座，讲道：古代的爱情，经常发生在文士与有才色的妓女之间，所以那些风月之地，倒是一个发生爱情的场所。——即便爱情发生了，那也不是个好场所，有少量的美，倒有压倒性多数的丑，权衡之下，还是痛苦。瑞云十四岁，准备要应客了。她跟鸨母说：发轫之始，不可草草；价由母定，人由我选。鸨母同意了，她似乎比较好说话，汪曾祺在此加了一句：以一年为限。这是对的，鸨母总不会任由瑞云无限期地选下去。来见瑞云的客人，自然要带礼物，礼物重的，瑞云陪他下一局棋、赠一幅画；礼物轻的，就奉陪一杯茶。明码实价，跟郑板桥列出的润格相类，你不能无偿地向我索画，就因为你表扬我画得好。如此这般风雅地见客，就遇见了贺生。来往之人皆止步于风雅，瑞云这里真是一个发生爱情的好场所。

贺生有才名，而家贫，备了礼物，来见他仰慕的瑞云。

他想她阅人既多,也不会在意自己,谁知一见面,他就是她的钟情。她写了一首诗赠他:

> 何事求浆者,蓝桥叩晓关。有心寻玉杵,端只在人间。

诗中的用典,他懂的,裴航在蓝桥驿会见云英,后觅得玉杵为聘。瑞云要寻找的持玉杵者,就是他;他应去觅得玉杵,与她相会。

贺生吟赏诗词,魂萦梦系。过了一两天,情不能已,又备了礼物去求见,两人相谈良久。瑞云悄悄问他:"能图一宵聚否?"他答:穷困之士,唯有痴情可献知己。我能见你两次,心愿已足,哪敢做这个梦想。瑞云听了戚然不乐,两人遂相对无言。瑞云的想法,与她先前对鸨母的说辞是一致的——假如将来的丑恶是免不了的,那么我就要一个美丽的开头;假如不能拥有全部,那么我只要一个回忆。回忆是可靠的,美好的回忆定格在那里,可以作为一生的私藏,你喜欢它多久,它就可以陪你多久。可是她选中的贺生,无法给她这个回忆。

贺生的心理,蒲松龄也写得很逼真。鸨母频频呼唤瑞云,是逐客之意了,他就告辞而去。回到家,抑郁不欢,一时真有以罄家之产换取一个良宵的冲动。可是他又想到，现在都已这样难舍，若有良宵，更尽而别，那再怎么忍耐下去？想到这里，所有的炽念都化为冰冷。从此，音讯断绝。

一年的期限就要到了。那个叫和生的异人就是在这时出现的。不知他意欲何为，他伸出一个手指，在瑞云的额头上按了一下，说声："可惜呀，可惜！"他走后，瑞云看额上一个墨色的指痕，越洗越真。它逐渐扩大，到一年多以后，左右颧骨、上下鼻梁，都黑了。看见她的人都笑，自然是门前车马绝迹，她也被赶到厨下去干粗活。毁容对一个女子，是残酷的，对她尤是，延续了一年多的漫长过程中，她最大的愿望一定是，一夜醒来，这黑印突然消失了，可是每天晨起照镜，它反而更大，一点点地凌迟她的心。天生的丑也罢了，绝美变奇丑，不堪！贺生闻讯，来看她了，她躲起来，把脸对着墙壁——这张鬼脸，给别人看可以，不能给他看。贺生去跟鸨母谈，愿意赎她出来。现在当然好谈了，但价钱，也须得他变卖田地，竭尽所有才凑足。他带她回家了。

回家之后她与他必然有的一番交谈，汪曾祺写得不坏。但我觉得，最好是不写，再怎么替他们代言，都像隔邻的叽叽喳喳，只需那一笔"临睡前，瑞云把灯烛吹灭了"，就已尽得其神。有一幅连环画，构思很好：院墙内，贺生和瑞云

再说贺生,经常思念瑞云,他听说此事,十分惋惜,急忙赶来探望。
《瑞云》,蒲松龄原著,简正改编,陈惠冠绘画,天津人民美术出版社,1982年。

在种一棵树,给树浇水;院墙外,邻人在指指点点,说三道四。这对夫妇的日月,汪曾祺写得极好:

> 花开花落,春去秋来。一窗细雨,半床明月。少年夫妻,如鱼如水。

恩爱夫妻都如此。越是家常,越是恩情。

等那个和生再次出现,情况就要发生变化了。

贺生在苏州偶遇和生,和生问起杭州的瑞云。贺生的言谈,很有分寸,这是他形象饱满的构成之一。他说,嫁人了。嫁了谁呢?也就是跟我差不多的人吧。——这种话语

左邻右舍议论纷纷,都说贺生"傻气",贺生装听不见,毫不在意。

方式,是得体的,不能直说"就是我",但聪明人一听就懂,同时这句话又显得自谦、有平常心。和生说,若像兄台,可谓得人。不知身价几何?贺生答:因得了奇病,贱卖了,不然像我这样的人,岂能从勾栏中买佳丽。——瑞云的奇病,对他而言也是伤痛,但他也只平淡道来,蕴蓄使他有深度。

情况的变化中,当然包含了瑞云的狂喜。和生再施法术,清水洗掉黑迹,恢复了她旧有的容貌:"这是我!这是我!"确实喜悦。

汪曾祺改写的神来之笔,在他小说的末尾——

这天晚上,瑞云高烧红烛,剔亮银灯。

贺生不像瑞云一样欢喜，明晃晃的灯烛，粉扑扑的嫩脸，他觉得不惯，他若有所失。

瑞云觉得他的爱抚不像平日那样温存，那样真挚。她坐起来，轻轻地问："你怎么了？"

嘎然而止，留给你去想。瑞云又变美了，事情是否十全十美了。完美是不可得的，它是一种险境。在你无限趋近它，它即将触手可及的时候，你的心情，开朗疏阔得已经达到了完美。一旦抵达，必然有失，世上的事情必然有所缺憾。等他们以后想起来，在瑞云还丑陋着，而两人恩爱着的那段日子，事实上是完美的。她缺损了容颜，但他说了，她还是她，他也还是他，她在极盛之时能知他，他怎能在她衰落时就忘掉她的盛情？他的心可鉴，被这试金石试了出来。可是，当这个缺憾得到弥补之后呢？怕有其他问题出现，反而令人不安……

中国的书画艺术中，有个"计白当黑"的传统。一幅画，不可画满，必须留白，有时白的面积甚至可以大于黑，以求整体效果的疏密有致、空灵而不板滞。这一美学观念，可以推论到人生里，或许它本就来自对人生的领悟。不少人有一种朴素的直觉，避免方方面面的坐实、占满，懂得十之八九已是最好。当你的拥有略有缺憾时，那已经是完美；当你懂得适可而止,就能保护你的完美。有了这种视角,完美之境也可以发现或创造,它未必在最终。比如,在瑞云与贺生初见,琴瑟相和、互为知音的时刻,那不就是完美?

2013 年 7 月 25 — 26 日

## 梦里不知身是客


小时候,逢下雨天,我常听父亲念叨几句话:

> 下雨天,留客天。天留我不?留。
> 下雨天,留客天。天留我不留。
> 下雨,天留客……

雨天留人。下雨,出不了门,出门在外的人得找地方避雨,打算要做的事情就停滞了下来。停一停,无意识的惯性被扯住,有了时间思量。下雨的日子,特别能让人记住。汪曾祺在《昆明的雨》中写,年轻时他曾有一回到莲花池去,在一个小酒店里,雨下大了。走不了,他与朋友就着一碟猪头肉,半斤酒,坐了一下午。四十年后,他还忘不了那天的情味。雨天的日子特别有质感,让人想起许多事情。

假如不必出门,雨天是舒服的。但午睡须得警醒,半明半暗的天色，容易把一下午都睡过去，做一个感伤的长梦。

《续黄粱》里的梦就在雨天。那个新中了进士的曾孝廉，在菩提寺游玩遇雨，借禅堂休息，不觉一梦，把他的一生，乃至第二生都梦进去了，醒来，踌躇满志化为乌有，从此遁入山林。《续黄粱》的题目，点明了承继前人"黄粱美梦"的题意：功名利禄、荣华富贵、娇妻美妾、儿孙满堂，都只如春梦一场；《聊斋》旧瓶装新酒，增加了暴露官场黑暗的内容。在这一点上，吕扬先生具体分析说，作者在情节的展开中没有把握住他所设定的靶标，以致出现了人物性格变形和情感逻辑失调的现象。写曾孝廉做宰相梦时，没有顾及到这个宰相将要被起诉，被判以严刑，情节上准备不足；写到包拯上书弹劾时却罗列了他十恶不赦的罪状，无形中把这个曾宰相替换成了类似于明朝权相严嵩一类的人物，对他的惩罚极其严苛惨酷，大于他的行径所应受。此说有理，但考虑到梦境是不完全合乎逻辑的，混乱变形正是梦的特点，梦中的人，也总是不怀疑地接受了安排在他身上的命运。

蒲松龄对曾孝廉就任宰相之后的作为描写不足，这与他的经历有关。他终生穷居山野，接触到的贪官污吏，最多高至县级，他写的贪卑的县令，尽管活灵活现、一针见血，仍属于漫画式的而非素描型的，他是看得穿，但不大能设身处

半天的时间过去了,雨淅淅沥沥下个不停,曾孝廉坐得困倦,于是就躺卧在床榻上。朦胧之间,忽然看见两位太监捧着圣旨来召他。
《续黄粱》,蒲松龄原著,张国贤改编,刘锡朋、李法明、阎茂如绘画,施振广封面,天津人民美术出版社,1983年。

地地刻画这些人物的内心世界。如《梅女》中老妪骂典史:"汝本浙江一无赖贼,买得乌角带,鼻骨倒竖矣!汝居官有何黑白,袖有三百钱,便尔翁也。"骂得非常精彩,也符合老妪的口气、身份,至于那典史心里怎么个想法,什么思维使他把袖中有三百钱的人都当亲爹供奉,没写。还有《鸟语》,县令请懂鸟语的道士翻译他窗外的鸭子们说的话:"蜡烛一百八,银珠一千八。"这正是他受贿的明细单,他在屋里数,鸭儿们都看见了。还有那只化身为少年的猫头鹰,对出一句含有"贪官该剥皮"的绝妙酒令,大笑着飞走。这些情节活泼幽默,体现了非凡的想象力,但都不是实写。要具体写一个宰相的生活,对蒲松龄来说,较为困难,假若他见过在职的或卸任的宰相,这篇会写得更深刻饱满。

曾孝廉的宰相梦,评点家但明伦把它分为八层:第宅壮丽一层,应诺雷动二层,公卿奔竞三层,恣意声歌四层,私恩必酬五层,睚眦必报六层,势吞民产七层,强占民女八层。前四层是一个宰相的正常生活与社交,可以指摘,犯法则说不上。"私恩必酬"与"睚眦必报",这两层写得很具体,却显得小气,曾孝廉把早年经常周济他的某乡绅推荐为谏议大夫,把攻击过他的某太仆削职为民,这两件牵涉的都是他的切身之人,不曾推而广之,大行结党营私、陷害忠良之实。换个角度想,曾当上宰相之后还记得早年间的恩怨人事,他倒是个没失却初心的人,不过这也是因为他是现在在做梦,梦到的当然也就是这些正与他在一起的人。连最后一层"强占民女",他去花钱买来的,仍是他念念不忘的当年东邻的姑娘。第七层"势吞民产"性质最严重,切实地为害百姓,民怨沸腾。把曾孝廉的作为与我们当下的高官对比一下,前者逊于后者多矣。时下官员落马,曝光的所作所为如出一辙,那样的贪婪与卑劣、好色与无耻,好像是同样品性的人走上了同一条道,都是这样的人在当官,管理这个国家?他们所受的惩罚,与曾孝廉更加不成比例。曾某是阳惩、阴谴、轮回的三重苦全都受尽，直达地狱的最底层。在阴间，他上刀山下油锅，痛苦不可名状，给人印象最深刻的是阎王对他贪来的金钱的处理方法。阎王问，他生平卖官鬻爵、贪赃枉法、霸产抢财得来的金钱一共有多少。当即就有一个胡子卷曲的人数着筹码，计算出数字："三百一十二万。"这个数字与当下的巨贪家产相比，只是小巫了，阎王喝令："彼既积来，还令饮去！"——他既是积攒来的，还叫他喝了去！于是鬼卒们立即架起大铁锅，把他家所有的钱财都搬运来，堆得小山一样高，次第投进铁锅熔化成铜汁，几名鬼役执勺轮流往他嘴里灌。铜汁流到脸上就皮肤臭裂，下到喉管里则脏腑沸腾。贪多少，自己喝掉，阎王的这个办法大快人心，要引鉴采用，看哪个还敢贪！曾孝廉生前总嫌这些东西少，此刻却苦于它们实在太多了！……

曾孝廉是《聊斋》里被惩罚得最惨酷的人。究其缘故，是实际生活中他一来私德有亏，二来，他科举得胜并形诸于色。他表现出的傲气和张狂，深深刺痛了蒲松龄——蒲才大如天，但一生未进学，十九岁中秀才，到七十二岁成为"禀生"，即朝廷给予补助的秀才，仍然是秀才。他自认其文才足以做一名进士而绰绰有余，只可惜被举人这个环节卡死，考了一辈子，老也中不了举。而这个曾某呢？本已是孝廉，又新中了进士，与一伙同仁游玩城郊。他正

由于他惯于投机取巧,舞弊弄假,几场考试侥幸成功,竟考中了孝廉。

意气扬扬,碰到一个算卦的,自然要占一卜,问他有无蟒玉之分。算卦的观颜察色,趋势逢迎,说他可做二十年太平宰相。他居然自负到毫不怀疑,面对同仁的恭贺,当真似的一一指着他们说:"等我当了宰相,就举荐你做巡抚,你做参将、游击,我家的老苍头也得让他当个千总、把总的。"一众大笑,此等狂态蒲松龄如何忍得,他当然要用他的笔,写出曾某的飞黄腾达不过是南柯一梦。这梦,不仅是幻灭,更是摧折,对曾某来说,梦见那么些事,醒来也唯有哀伤,内心被摧毁殆尽了。

曾孝廉悲泣着醒来时,发现自己身在寺中,方才那不甚搭理他们的深目高鼻的老和尚还坐在蒲团上。"宰相之占验否?"老僧微笑着问他。他惊异极了。他尚未从那太逼真的梦中完全醒来,这老僧的话更使他疑幻疑真:究竟梦是人生呢,还是人生才是梦?

梦、雨、僧庐、一生,构成了南宋词人蒋捷的那首《虞美人·听雨》:

> 少年听雨歌楼上,红烛昏罗帐。壮年听雨客舟中,江阔云低,断雁叫西风。
>
> 而今听雨僧庐下,鬓已星星也。悲欢离合总无情,一任阶前,点滴到天明。

其实不必飞黄腾达,人生几十年里,谁都有过最美妙的瞬间,它们珍藏在心底,如相片,如电影,只等有空闲时翻出来细看。而空闲难得,它们渐渐被遗忘,有些还来不及品味就淡去了。偶尔,前尘旧事入梦,醒来惆怅万端。

等一个下雨天。不做什么正事,只把旧衣服收一收,老照片看一看,还有书信、日记等。日子不光是可着劲往前过的,还有那些飘忽着的往事,以及它们携带的情绪,也是日子的一部分。

2013 年 10 月 7 日;12 — 16 日

# 错位的心

蒲松龄在小说《陆判》中，先验性地构思了器官移植的践行：给男子换一颗心，以提高他的才气；给女子换一颗头，以改变她的容貌。这手术谁来做呢？十王殿上的陆判官儿。书生朱尔旦性格豪放，把相貌狰恶的陆判雕像背到酒席上敬酒，陆判就在夜间来敲他的门，与他共饮——陆判由木雕变成了真人，他俩做起了跨界朋友。

因朱尔旦不够聪明，陆判谋划给他换心。事先没让他知道，朱睡至半夜，觉到肚腹微痛，睁眼看，陆判给他开了膛，正一条条地整理他的肠子。朱的确是一洒脱人士，见此情景也并不失惊大叫，只问："夙无仇怨，何以见杀？"陆判答道："我为君易慧心耳。"他于千万颗心之中，拣择佳者一枚，赠送给他的朋友朱尔旦，因其资质鲁钝，"毛窍塞耳"。假如人的灵性真如想象中那样来自于"心窍"，杨绛女士讲述钱家人启蒙读书的情状就恰如其分：钱钟书的父亲幼年时被认为笨,常挨痛打,有一天自感被打得"豁然开通",便进益了;而钱钟书学不会数学,老被他父亲拧,拧得身上青一块紫一块依然不会,杨绛说,这大约是"把窍门拧塞了",所以到他考大学时数学也得零分。智力上的运行受阻,倘若真是个堵塞的问题倒好办了,疏通可以在外部进行,如针灸,传统中医对人体经络的把握极准,头痛医脚,妙不可言。而,其他问题呢,如内脏,按照现在乱七八糟的时尚广告创造的理论,人活了这么些年,内部是有积垢的,需要清洗——这个说法启动了我清洗的欲望,我就是爱做大扫除呢,心情不好时,把屋里清理打扫一番,心头畅快,灰霾一样的郁闷都被拂去。"人皆知涤其器而莫知洗其心",我也想洗一洗我的心呢,要是人的五脏六腑也能一样样取出来在水龙头下冲洗干净就好了,许多病可能不药自除,归位后,它们的运行会更顺溜,就像清洗过的机器。时尚养生当然不是这样进行的。除了"清洗"的概念输入了我的脑海,我没有跟着他们去。

朱尔旦换心之后果然文思大进。于是他决定进一步地跟着陆判去。有一天他趁着酒意对陆说,心肠可以换,面目想必也可以?我的内人,人还不错,可惜眉眼长得差些,能否再请您动一次刀呢?陆判说,可以啊!过了些日子,他半夜里果然用衣襟托着一样东西来了,那是"美人首",脖颈间的血还湿濡濡的。进入内室,朱的夫人正侧身熟睡,陆把怀中的头交给朱抱着，从靴筒中拔出匕首，按住夫人颈项，一切——迎刃而解，头就滚落在枕畔；回身急取美人头，安到夫人颈上，审视端正，按捺合成。真是太容易了！朱妻竟然酣睡未醒，好像连她的头都不曾醒觉，这手术的前半截，貌似她是被杀掉了呢，她的洒脱的丈夫旁观也不骇然。

朱妻醒来之后的情状，描写则非常真实：她觉得颈间微麻，脸上似有结痂，用手一搓，掉下些干血片，吓着了；叫丫环打洗脸水来，丫环恐怖地看她满脸是血，洗过脸，一盆水都变成了红色。她一抬头，又把丫环吓个半死，这是谁！面目全非，朱妻揽镜自照，自己也不认得自己了，错愕、迷茫，她的意识里想必是一片断代的空白。此时她丈夫施施然进来，告诉她原委，并仔细端详她的新容貌："长眉掩鬓，笑靥承颧，画中人也。"他是心满意足了，而他的妻，我断定她应该既怒又悲才对：谁让你换掉我的脸！我的头，被你们弄到哪儿去了？……

古代的白话小说形容女子的容貌常按"分"来计。最高的不是十分，而是"十二分"的美貌；比较漂亮的，叫"有七八分颜色"；那么长得平常的，也该在五分上下，取其平均数。只要不是太丑，对于女子自己，四五分的颜色也值得矜然自喜，愿意有所改进，换则不愿。我只要我自己的脸。我从生下来，就是这张脸，它伴我长大，随我变化，我与我周旋久,宁做我。从小到大经历过的一切,都在容貌上留下了暗暗的印迹,雕塑着它,正如内在同步地构筑着心灵世界。人们现在普遍相信了一个说法,三十岁以上的人,都该对自己的容貌负责,容貌是心灵的镜子。谁要一个梦中飞来的"美人首"?分明的一个异物,硬生生安在自己脖颈上,与下部完全脱节,遑论与心灵的对应。朱尔旦的妻子脖颈上残留一圈红线,上下肉色迥异。她绝不可能高兴!这个陌生的头挤掉了她自己的头,杀死了它,它带着那张最亲的脸,沦落到一个悲惨的地方去了。

除此,她还有另一重悲伤——她丈夫不喜欢她的脸,居然要换掉它。再没有什么比这更说明不爱的了。他喜欢她换过的脸,那这份喜欢属于她吗?心是她的,她仍会以此自处;脸是别人的,她从此要戴着别人的假面与他相处?做不到,我以为很难做到,这情节中表面上的美满掩盖不了失落的愁怀、飘零的思绪。

按陆判给朱尔旦换心时"补阙数"的说法,朱的心要拿回去补他取来的那颗慧心的缺,那么朱妻的头,也要去往那颗美人头的来路补遗。由此,以朱尔旦为中心的叙事中,顺带写了一个居于副线的女子的故事——那是个时乖命蹇的女孩儿,侍御之女,非常美丽,但两度死了未婚夫,十九岁仍待字闺中。她的有高贵地位的娘家,在命运之前,似乎也无力保护自己的女儿。女孩在上元节时游十王殿，被一个流氓窥见了她的美丽。此人暗里跟踪，得知了她的居所，夜里翻墙入户进了她的闺房，在床边杀死她的婢女，以此相逼。设身处地为这女孩儿想想，这是多么可怕的情境！——若不从，就跟她的婢女一样，一个人，一条命，一下就什么都没了。她生得太早，没赶上胡适之类的开明绅士写文章告诉女子们：贞操与生命，两害相权取其轻，你的生命是最重要的。不过，即使她有幸听到了，也未必会遵从这另一种教导。她已是"未嫁而丧二夫"的不祥之人了，再迫于威吓而失身于流氓，这耻辱，或许甚于杀死她。就如小说中写的那样，她奋力反抗，失声呼喊，被杀死了；不仅被杀，还身首异处——真有那样的恶人，从逻辑看这情节不必，但如果贼人不把这不甚合逻辑的恶事做了，就得由陆判来做，那未免太缺德。女孩儿被害，还丢失了头颅，做父母的悲愤交加，而这桩悬案一时难破，活着的人也只得在悲愤中苦捱。三个月之后，朱尔旦之妻换头的离奇事体传到他们耳中。侍御心中生疑，派了家中老媪到朱家探问，老媪见到朱妻，大惊，回去报告，侍御就将朱尔旦告官。仍是陆判帮忙，让女孩儿托梦给父母，指认凶手，并将换头之事解释为："陆判官取儿头与之易之，是儿身死而头生也。愿勿相仇。"其实，只要女孩的父母见到朱妻，就会将她认作女儿，这合乎自然之情理，谁认人不是凭头面，人心隐藏难辨，故不见。脸是她，人就是她，女儿在这里，他们想必会落下泪来。这与现在真正践行器官移植的亲属的感受一致：亲人的身体的一部分，在另外的人身上延续，获得了第二次生命，他们得到了安慰。真凶落网了，侍御家把朱尔旦认作女婿。朱尔旦的运气实在太好了，所有人的牺牲，都是为了成全他。

只因为他结交了陆判。在地狱的统治机构中，判官是个极为重要的角色，阎罗王殿里文武四大判官分属赏善司、罚恶司、阴律司、查察司。陆判给朱尔旦换了心，给他的妻子换了头，让他死后还像活着一样经常回家，并荫庇子孙，生而为男人的一切愿望，他都轻易地满足了。照此发展下去，他或许会迷失在他的欲望中，在无所不能的法力中混淆了善与恶，就如他已经达成的这些圆满，未尝不带有些许恶的成分，经不起细究。好在，朱尔旦是个懂得欲望的限度的人。他最后赠给儿子的那柄剑上刻着这样两句："胆欲大而心欲小，智欲圆而行欲方"，可视为压住全文的箴言。他的欲望，并不因换过心而滋生无度；他的行止，也不因心智的圆熟而不被约束。人在拥有了无限可能之时，同时需要拥有的，是一颗能够抵御诱惑的心。

2014 年 6 月 11 — 14 日

# 猎人记

"小恩可谢,大恩不可谢。"这句话我知道得很早,它来自《聊斋》之《田七郎》。阅读应当尽早开始,不管能理解多少,童年时记住的东西,会融入血液,它将是你的血性构成。田七郎的母亲对他讲的一番话,我记得特别深刻:"受人赏识的要替人分忧,受人恩赐的要急人之难。富人报答别人用钱财,穷人报答别人就凭义气。无缘无故而得重赏,不吉祥,恐怕要让你以死来报答他啊!"——这段被但明伦赞为"弥纶天地、包罗经史之言"的大识见,日常生活中不会有谁教给一个孩子的,我读到了它,我记住了它。后来,我轻易不愿接受别人的馈赠,跟这是有一半关系的。

《田七郎》这篇小说较为深沉复杂,成年人来读也有一定难度,它被普遍地解读为田七郎"知恩图报"、"义薄云天",赞扬他与武承休之间的友情。善讲《聊斋》的马瑞芳教授，我最佩服她对这一篇的解说，她像一位值得信赖的女性长者，我在心中存疑、不能确认的一些东西，经她一讲，仿佛缭绕在月亮周围的晦云都被拨开了。她说："我总觉得，当猎人田七郎追捕林中猛兽时，那个所谓朋友武承休正在把田七郎当成一定要追到手的猎物……"这个比喻，也非常精当。

富人武承休，擅交友。一天他梦见一个神人告诉他说，你交的那些朋友，都不济事，有一个人可以共患难，田七郎，你怎么不去认识他呢？武承休逢人便问，打听到田七郎是东村的一个猎户，就专程去拜访。他敲开田家的门，说自己有点不舒服，想借个地方休息。开门的年轻人，二十余岁，长着豹子似的眼睛，黄蜂般的细腰，体魄健壮，衣服褴褛，见到客人，拱手于额而施礼。武承休问他："这里有位田七郎吗？"他答："就是我。"于是请客人进屋。武承休看他屋里，满眼是穷，连坐的凳子都没有，墙上挂着些狼皮、虎皮。谈了一阵子，武承休取出银子送给田七郎，他不要；一定要给，他就进去禀告母亲，出来坚决辞谢。武承休还再三要给，田七郎的母亲出来，正言厉色地对他说："老身止此儿，不欲令事贵客！"武某人才走了，在路上他的随从把刚才在屋后听到的田母对儿子说的一番话告诉他，就是上面那段。武"深叹母贤，然益倾慕七郎"——这可能是蒲松龄

这时,忽然下起倾盆大雨,门外传来一阵急促的敲门声。七郎开门一看,门口立着一个衣冠整齐的中年人,他要求进屋避雨。
《田七郎》,蒲松龄原著,陆士达改编,水天宏绘画,上海人民美术出版社,1956年。

的春秋之笔,"贤"、"倾慕",明褒暗贬,武某是被田母的老辣眼光吓了一跳,居然一下就看穿他的居心,同时他也更下决心一定要把田七郎交到手为己所用。田七郎是可以共患难的,神人告诉他了,田母也告诉儿子了:这个人面相上有晦纹,将有大难,他是来找你替他挡灾祸的。

但是,有这么一个人处心积虑地编织一张人情之网来网住他,朴实的田七郎可躲不过。武承休是看准了,正如蒲松龄在篇末论说的,一钱不轻受的人,正是一饭不敢忘的人,这样的人老实,忠直,可交,交了划算,他不会让你吃亏。

七郎虽然急等钱用,却不肯无缘无故白受人家的银子,再三推辞。他的老母在里面听见了,拄着拐杖走出来。

一般人都懂得"将欲取之,必先予之",想要别人的东西,就先送别人东西,等人家回赠。这套对田七郎不管用,武承休棋高一着,他请七郎吃饭请不来,他就上田家去吃饭,田七郎倾其所有招待他,请他吃鹿肉。这样,他就有借口回请了。给钱田七郎是不要的,他就说是找他买虎皮,使人无法拒绝。七郎家中存的虎皮,都糟败了,他妻子有病,他还记挂着虎皮的事,只等妻子好些就进山打猎,猎得虎皮好偿了这债。他妻子却病死了,办丧事花了些武承休送的钱,武闻讯,亲身赶来吊唁,又送了一笔厚人情,使七郎欠他更多了。七郎安葬了妻子,进山去猎虎,一无所获,武承休又跑到他家，看着那些被虫子蛀蚀、毛都掉光了的旧虎皮，颇有风度地说这些都很好，我全要了。

耿耿于心的七郎，带上干粮在山里埋伏了几昼夜，终于猎得了一头大老虎，给武承休送去。武承休为这只大老虎要大宴宾客，他锁上大门，留住了坚决要告辞的田七郎。席间，客人们都在窃窃私议，武公子为什么要对这个穷猎户这么好？看他身上破破烂烂，跟我们是多么不协调。武承休却对田七郎格外殷勤，给他置了新衣，他不要，而一夜睡醒，他自己的衣服不见了，只有新衣服在那里，只好穿了回家。回家后，七郎的儿子奉奶奶的嘱命，把新衣送回，并索要父亲的旧衣。武承休，他是这么回答的："旧衣服，已经拆来做鞋底啦。"——这句话，听着不大对劲？设身处地去感受，仿佛是被人当胸捶了一拳，或劈脸掴了一掌。是我想多了吗？应该为这么一件小事跟他断交吗？他究竟是不是为我好呢，他平时待我是不是不错呢……去听马瑞芳教授怎么讲，她一语道破：这叫"欺人太甚"！人家正穿的衣服，他拿去撕了做鞋底。那么，我没有想错，不是我太敏感。事实上这一细节，已经准确地譬喻了武、田二人相交的本质，完全可以看出武承休对田七郎怀有的是一种什么情感。

田七郎偿付了一只大老虎，就不再上武家门了。对上门纠缠不休的武承休,田母也严词警告,指斥他不怀好意。可是,田七郎惹上人命官司下了狱。贫穷之人,难免惹上什么祸事,哪个人都难保不碰上什么麻烦事。打官司,就是要用钱,对官府对苦主,都可以拿钱去摆平,不缺钱的武承休正好"仗义疏财",罩住田七郎。打一场人命官司需要多少钱?武承休花掉的钱,需要田七郎用生命去偿付。连田七郎的母亲也改变了口气,说:"子发肤受之武公子,非老身所得而爱惜者矣。"——从此,你的生命,是归武公子所有了。武承休成功了。田七郎来见他,并不说个谢字;再送七郎东西,他也不再推辞。

上美社的老版连环画《田七郎》,为了使故事积极、正面,改编了不少情节以帮助双方建立起友情,最后田七郎为武承休报仇而杀掉的仇人,也是曾经陷害田七郎、且为害一方的官僚恶霸,以提高田七郎献身的性价比。改动颇大,但是武承休那场祸事的起因,看上去仍然很无聊。武家有个家仆叫林儿,趁着武承休出门,去调戏武的儿媳妇,当时武的儿子都还在家里,故此他未遂,就逃走投奔到武氏的对头家里去了。武承休气得要命,一定要抓他回来——这叫什么事儿呢?这个林儿,行事如此反常,他胆大包天了?对照原著,原来他不是仆人,是娈童,那倒是有可能的。娈童胆敢如此胡作,则武氏之为人必有不堪处,这也可视作原著含沙射影的曲笔了。但一个刁奴,再可恶,也犯不上大动干戈,武承休要气不过,去找对方交涉,去打官司,或暗里整治林儿,都只该他自己折腾,这些都可以拿钱去办,实在不应为此搭上田七郎的性命。如果这就是神人提醒他的大难,那他的麻烦完全是自找。而结果是,田七郎为他杀了林儿,杀了仇人,杀了县官,再抹了自己的脖子,这有多么不值!相比起前面武某人费尽心机地结交田七郎,这件事显得更加无聊,构成强烈反讽。田七郎可共患难,他的价值难道体现在这件事情上吗?战国时豢养刺客,那些刺客好歹也蓄谋着要做大事,成英雄,"风萧萧兮易水寒",好歹是一种境界。阮小七说"热血卖与识货的",前提也是他想卖,且卖主须由他来选择,一腔热血不能抛得不值。田七郎是个猎户,虽穷,他只想本分过活,奉养老母,并不想为谁卖命。在他没有意愿之前,富人怀着阴暗的心理拿出钱来,已经是在侮辱他了。

《田七郎》就是一个残酷的故事,再怎么改编,也改不成积极、正面,蒲松龄写成的东西,岂是旁人轻易改得动的?尽管篇中他也时而皮里阳秋,令人疑惑事情的本质究竟是什么。倘若要把这两个人的关系解释成友情,说武承休确是偶然结识田七郎,并一直诚心地帮助他——要这么写的话,田母的那一番见识过人的议论,就必然要删掉,那太可惜。还有那个见微知著的旧衣改做鞋底的细节,也得牺牲掉,而它的隐喻是这么好:"践踏"!这些都是文中关键。如此反过来一推敲,就能领会蒲松龄的本意。

2013 年 9 月 3—5 日

# 最后一只鹌鹑

《聊斋志异》是一部兼容并蓄的百科之书。仅民间娱乐杂耍,就有不少涉及,如《晚霞》中的龙舟、舞蹈,《汪士秀》中的蹴鞠,《武技》中的武术,《偷桃》中的杂技,《促织》中的斗蟋蟀,《王成》中的斗鹌鹑,等等。把它们写进小说,倍增意趣,蒲先生是位博学多识的通才,他还编写过《农桑经》、《药祟书》、《怀刑录》、《日用俗字》等著作,涉及农业、医药、天文、地理、历史、佛道、礼法等百科知识。

斗鹌鹑是《王成》的一个细部。从全篇看,它写的是谋生之路与人情世故。王成是个破落了的大家子弟,懒,家里破锅冷灶,晚上跟老婆盖着草编的牛衣,互相埋怨。一天他捡到一支金钗,还给一位老太婆,偏巧她是他祖父从前的狐妻,赠给他四十两银子。这个情节没什么出奇,也许是为后文蓄势,因此篇给人印象最深刻的是后面那位店主人。狐祖母教育王成,不能坐吃山空,要学着干点营生。这四十两银子,她让他去买些葛麻,赶到京城贩卖,叮嘱他"宜勤勿惰,宜急勿缓,迟之一日,悔之已晚"。王成听话上路,算来京城五六天可到,可是半路上下起雨来。他未曾经历过风霜,看衣服鞋子都湿了,人也委顿,就在旅店暂住,等雨停。大雨整夜不停,顺着房檐哗哗地往下流,像一股股粗绳子。早上起来看,道路泥泞不堪,走路的人都是稀泥没过了脚脖子。王成觉得没办法走,等着雨下小,又下大,地干了一些,又湿,这样耽搁了两天才又继续上路。路上还听人说,葛麻的价格暴涨了,他暗自欢喜,可是到了京城,寻家旅店住下,店主人惋惜他来晚了。前几天是道路不通,官府又急需葛麻,所以价格大涨,等他现在赶到,货已都买足,不好卖了。王成来之前他祖母交代他的话,他会过意来了,他为他的懒惰不能吃苦,付了第一笔学费。哪门营生都不是容易做的,在家千日好,出门时时难,那么多人踩着稀泥赶路,为什么?时间就是金钱,商机往往只在短暂的几天,只争朝夕。

王成初学做生意,体会到艰难。葛麻价低了,赚不到钱不肯卖,而越不肯卖,价越跌。股市、资产有个"买涨不买落"的现象,这是买家心理,涨了总觉得还会上涨;卖家则相反,越降越不肯卖,到最后还是得抛售出去,赔得更多。王成住了十多天,又耽搁十多天,还是店家叫他赶快贱卖,再做打算。卖了，亏了十几两。货物算是脱了手，而当他收拾好行装准备回家的时候，又发现钱不翼而飞。有人叫王成告官，让店主赔偿，王成说这是我命该如此，与店家何干？店主人听到这话，很感动，送给他五两银子，安慰他，让他回家去。王成觉得没脸回去见祖母，待在这里又不是事，门里门外走进走出，没了主意。

　　他看到街上有人斗鹌鹑。一赌输赢，赌注就是几千钱；而买一只鹌鹑，不过几百钱。他数数兜里的钱，买鹌鹑还是够的，就跟店主商量。店主一听，马上鼓励他干。——与人为善，是有回报的，假如王成听了他人的话把店主人告了，他现在找谁商量去，他自己不更事，谁替他拿主意。人的心也多向善，自有衡量，不肯白受别人的好处，你敬我一尺，我当敬你一丈。店主人大力支持王成去贩鹌鹑，叫他就在他店里住着，吃饭也不要他钱。王成非常高兴，去贩了满满的一担子鹌鹑回来，依旧在店里住下，店主看了也着实喜欢。晚上，又下雨了，倾盆大雨，下到清晨，大街小巷都积水成河，稀稀拉拉的小雨还不肯停。下雨天，确实没法挑着鹌鹑出去，王成只好住着，等候天晴。过了好几天，雨也没有停，天也没有晴，而他的鹌鹑，正在一个接一个地死去。王成眼看着毫无办法，非常害怕：天，你是要绝我于此地么？又过一天，鹌鹑死得更多了，只剩下几只，把它们并到一个笼子里,过了一宿再去看,只剩一只了。王成去把这情况告诉店主人,说着眼泪就流下来,他想寻死了。店主人十分同情他,跟他去看鹌鹑,仔细端详活着的那一只,说:"这只鹌鹑倒像个英物,那些鹌鹑,未必不是叫它给斗死的。你也没什么事干,就好好训练它,如果真是只厉害的,你靠它倒是可以谋生。"小说看到这里,我已经非常注意这位店主人,他通人情,讲世故,他自己不养鹌鹑,看鹌鹑的眼光却是这样独到准确。这,莫不是与看人是同一理?店主人身居京城,闹市中开爿客栈,每天迎来送往,见多识广。他大概就有判断,别的鹌鹑都活不了,就一只顽强地活着,其中必有道理。他的话,救了王成一命,没他这番话,王成只怕会把这最后一只鹌鹑也给扔了,自己去寻一个没结果的事。这最后一只鹌鹑,也是天无绝人之路的暗示,看你能否领会。年轻人哪,经一事,长一智,要记住,你总是能活下去的,要想办法抓住一线生机,败中求胜。

这只鹌鹑果然厉害。王成调教它一番,带它到街市上,斗鹌鹑赌酒饭。它勇健异常,一斗就赢,与人赌局,数战数胜。王成有饭吃了。店主人也高兴得很,送他些钱,让他去找那些世家子弟赌斗,赢得更多,半年的时间积攒下了二十多两银子。元宵节时,店主人带王成到一位大亲王府上去。这位大亲王喜好斗鹌鹑,每年元宵都召集玩主到他府上去,他独乐乐不如众乐乐，斗赢了他的鹌鹑，他有赏赐。店主预计，王成的鹌鹑会大出风头，那么大亲王就会提出要买这只鹌鹑，此时王成不要卖，如果亲王非要买，店主就要王成到时朝他那儿看，看他点头，才可以卖。王成答应了。到了亲王府上，正如店主所预料的，王成的鹌鹑一连斗败了大亲王的几只铁嘴鹌鹑、玉鹑，亲王果然提出要买他这只鹌鹑。王成说，他没有产业，与这只鹌鹑相依为命，不愿意卖。亲王说，如果你肯卖，我给你中产之资，马上到手，怎么样？王成想了很久，说既然大王爱好，又能使小人得到衣食，那么就一千两银子。亲王笑着说你这汉子，什么珍宝，要一千两？王成说，小人每天带它到集市上，一天靠它挣几两银子，买上一斗八升的米，养活全家十几口人，什么珍宝能够像它？亲王说，我不让你吃亏，给你二百两。王成摇头。亲王加了一百，王成看店主，他不动声色，就答：依照大王您的意思，减少一百两。亲王说算了，谁肯拿九百两银子买只鹌鹑！王成准备走，亲王又说：玩鹌鹑的，回来！给你六百，肯就肯，不肯就拉倒。王成看店主，他仍然像没有这回事一样，但是王成心里已经满足了，怕失却机会，就说：谈了买卖又不成，怕得罪大人，就按大人说的办吧！亲王欢喜，立即叫人称了银子兑现。王成带了银子回来，店主人说，我怎么跟你说的，你怎么就着急了呢，再等等，八百两银子他是肯出的。——他这句话,我以为应是心平气和地说的,有的版本把原文中店主人的"怼"解说成很不高兴、埋怨王成,我觉得过了,以店主的阅历,他既能够拿捏大亲王的心理,也能理解王成的心情,不会太干预王成的决定。王成倒也没有悔意,这也符合他的性格,他的毛病是懒,但不贪。只是一只鹌鹑而已,六百两很不少了,贪多很可能招损,他的直觉是对的。王成把银子都放在桌上,请店主人自己拿,店主不要,王成一定要他拿,他才取出算盘算了王成这些天的饭钱,收下了这个数。这两个人,做事都很有原则,王成很幸运,在谋生路途中遇上这么一位店主人。

店主人教给王成不少谋生处世之道,而王成的懒,最先是作为问题提出的,最后仍交给他的狐祖母去解决了。篇末的"异史氏曰",评论王成因懒致富,"懒中果有富贵乎哉",似是败笔。有时候,作者自己并不能准确地概括他自己写的东西,但他凭本能写出来的作品本身即是最佳概括。世事洞明皆学问,人情练达即文章,《王成》这个短篇很好地诠释了这句作文名言。

2013 年 11 月 1—5 日

## 金瓴缺

泱泱大观的武侠小说给了人们这样一个印象：但凡侠女，当有奇情，她剑走轻灵，身姿轻盈，她的烦恼高出俗世的层次，即使一夜白头，也只增添她的美。《聊斋志异》里的《侠女》一篇，却很写实。那位不知名姓的侠女，身怀绝技、仇情如火，却日复一日承担着沉重的现实负累：有病母要奉养，靠做针线维持生计，并常有断炊的窘境，需找邻居借粮。

她第一次到顾家，是借剪刀、尺子，顾生的母亲看出此女不像穷家小户出身。这姑娘跟她妈妈是不久前租了对门的空房子住下的，不知底细，顾生回家时跟她打个照面，对她的印象是"秀曼都雅，世罕其匹"。这样一个姑娘，不应是自小缺衣少食长大的，可是她如今寄人篱下，得按月付房租。之前，顾生的母亲问她怎么没嫁人，她答说是妈妈年纪大了，需要她伺候。顾母这句话，当然问得有心，她儿子未娶亲是因为家贫,这姑娘跟她妈妈显然也很困难,既然这么门对门住着,假使她们愿意,不如两家合一家过日子。次日,她就到对门家里去探口风。姑娘的妈妈是位聋老太太,她们家里连隔夜的米都没有,姑娘在旁不停地飞针走线,米,就要从她纤纤十指的劳作中挣出来。顾母慢慢说明来意——那不如,我们两家以后一起吃饭?老太太耳朵是聋的,不知怎么还听懂了意思,她像是没啥不愿意的,只是要看姑娘。其实顾母说话,更是给那姑娘听的,在措辞上肯定十分注意婉转,不能说得太直露:能不能,请你们姑娘给我们做儿媳妇,我们来养活你们?不这么说,姑娘也只有比她妈妈听得更明白,她的反应是默默无言,好像很不高兴。她大概是嫌我们家穷吧,顾母这么理解,回了家,说这姑娘"艳如桃李,而冷如霜雪",也就算了。

那顾生呢,他的条件则看怎么说。他算是个有才艺的人,以卖书画为生,他这么穷,可能是他的字画不通俗,所以不畅销,也可能是的确不出众,所以卖得不怎么样。一天,一个自称是邻村的漂亮少年来求画,他是那么一副轻佻浮滑的样子,而言语伶俐,十分讨巧,顾生很喜欢他。来得多了,熟了,有一次顾生把他抱在怀里,他也不挣脱,于是两人就成了狎昵的关系。这,对门的姑娘看在眼内,后来——在她与顾生好上之后——她让顾生传话警告那少年,别拿那副轻薄情状来对她,少年还不知收敛,反倒加倍挑衅,那么他是自寻死路了。他本是一只白狐,来路不正,属妖孽。既然姑娘什么都知道,我猜她当初不答应婚事,有一个原因还是顾生其人,本不在她眼里。

然而,她有时不得不来找顾家,她目下唯一的熟人,借粮。家里一天多揭不开锅了,就算她不吃,她还有个妈。顾生的母亲叫儿子背一斗米送过去,她收下了,并不说谢;再来他家,看见顾母在缝纫就拿过去替她做了,家里有什么杂活,她也顺手做了。顾生每逢得了什么好吃的,也给她送过去,说孝敬她妈妈。过些时,顾母身体不适,下身长了个疮,疼得日夜叫唤。还是姑娘过来,给她擦洗上药,一天三四次,不嫌烦不嫌脏。顾母十分过意不去,掉了眼泪,说:"安得新妇如儿,奉老身以死也!"这话说得恳挚,但在一个姑娘家听来,或许觉得刺耳。一个姑娘,千好百好,好到天上去,惹得男子还有他的老母,都看你十分中意。但他们待你的好,是有目的的,是想把你娶回家,替他们生儿育女做饭缝衣,如这婆婆自己说的:她就想要一个你这样的儿媳妇,服侍她直到她死。姑娘答道:您的儿子是个大孝子,比我们孤儿寡母的强百倍。这句话,算是拒绝吧?顾母仍说:像床边上这些乱七八糟的事,能是孝子的活儿吗?况且我一天比一天老,连个孙子也没有,实在放心不下啊。话是越说越逼近了，正好这时顾生回来，顾母让儿子拜谢姑娘，姑娘说："君敬我母，我勿谢也；君何谢焉？"这样的回答，像一种有内蕴的太极推拿：我不谢你，你也不必谢我。我不言谢，不表示不感谢，要怎么做，我自有主张。

其后的一天，当顾生在巷子里注视着姑娘往家走的背影的时候，她突然回过头来，对他嫣然一笑。太意外了，然而明确无误：她居然在对他笑！仿佛冰雪消融，春风荡漾，他喜出望外，会意地跟她到她家里，事情居然就这么水到渠成了。事后，她又恢复了平素寒凛凛的样子，撂下一句："事可一而不可再！"这个时候，他怎么会拿这句话当真呢？第二天他又约她，她没理。有时候碰到，她一本正经的，他说句亲热的话，她都冷冰冰地顶回去。她到底什么意思呢？与他相好的少年，旁观冷语，说叫她别那么惺惺作态的，否则，他会把她跟顾生的事张扬出去——这句话，给他惹来杀身之祸。当又一天夜里姑娘突然又来找顾生，少年忽入，说"我来观贞洁人耳"，又笑对姑娘说："今日不怪人耶？"——这白狐不止轻薄，简直猖狂，姑娘眉竖颊红，猛地从衣内抽出匕首。骇极的白狐夺门而出，但已无处可逃。

我们也深觉奇怪，这姑娘怎么忽冷忽热，出尔反尔？答案在很久以后，她才讲出一切原委。那时，她已经为顾生生了一个儿子，让顾母趁夜色偷偷抱过去，对人只说是抱来的；那时，她终于报了杀父大仇，仇人的脑袋，已经装在她手提的口袋里，微微掀开给顾生看，把他吓了个半死。这是快一年之后的事了，在那之前，她仍肩负着复仇的使命，而拘囿于命运的枷锁。其实，世间的每个人都被某种枷锁禁锢着，超然物外只是一种梦想，一个如她这样的少女也同样陷于命中必有的磨难与深渊。她的父亲，官至司马，而为人所害，家产抄没。她背着老母逃出，隐姓埋名，希图复仇。之所以等待，是因为有老母在；等老母故去，她自己腹中又添了一块肉，必须要生下来。她为什么要怀这个孩子呢？因为谋生途中，她欠下了顾家母子的情分，需要偿还。她知道他们需要什么：一个儿媳，一个孩子。那么，给他们，按她那种知恩重义的女侠情性，她不会欠任何人的情分。

故尔，当顾生要求嫁娶，她只回答："枕席焉，提汲焉，非妇伊何也？业夫妇矣，何必复言嫁娶乎？"她什么都为他们做了：缝衣、做饭、照顾婆母，处处尽到了儿媳的职责，枕席也有过，嫁娶则不必。本来，假如第一次就能怀孕，她不会再来第二次。既然只是为了报答他们的帮助，以生子作为答谢，她当然是"可一不可再"！

然而，对这不得已的第二次，她的态度仍然是郑重的。不期被那轻佻少年搅局，她令其身首异处之后，对顾生说："适妖物败意，请来宵。"——今天坏掉了，请等待明日。女子的欢爱啊，当它与情爱无关而只是奉献，那仍然是一种欣喜的、痛苦的、节制而缠绵的过程，同样须郑重其事，不可草率，不必勉强。

大仇得报，她要走了。对顾生说完该说的话，她快得像一道闪电，转眼就不见了。他怎么跟得上她呢？那段时间，随着他知道她的事情越多，他就越是起了疑惧之心。在她母亲去世之后，她外出打探仇人住处的那个夜晚，顾生跳墙来到她家，敲打窗户没人应，一看门也上了锁，顾生疑心她与别人约会去了——他竟起了这样的疑心，他的确是个俗人。在他初见她的一刻，他对她的感觉倒是对的："秀曼都雅，世罕其匹"——世间难觅可与她匹配的人，他怎么配得上她；而他何其幸也，与她发生了一段情缘。我在细读此篇的过程中，发现每个细节蒲松龄都写得极其严密，经得起推敲，读者越是推敲，书中所写的人物和情节就越是严谨，纹丝无错。

侠女最后不知去了哪儿。我们愿意想象她这样的人物出没于尘世之外，不为凡尘所羁；我也愿意想象，她在另一个地方，遇见了一个与她同心同意、相知相契的人……

2013年12月8—10日

# 扇面上的梦境

《王桂庵》与《寄生》其实无甚关系,尽管王桂庵是寄生的父亲。寄生的父母,换成其他人也可以,他们俩面目模糊,年轻时的神采都不见了。人在太年轻的时候,总不相信自己的父母也恋爱过,尤其不相信自身是他们爱情的产物。寄生,从他那受宠任性的样子来看,他肯定是这么想的。当时没有照片或 DV 呀,不像如今的人们总在拍,把流逝着的自己随时拍下来,变成可视的物质文件,存在电脑硬盘里,准备以后看。但其实很少去看,它们沉入浩瀚的容量海洋,难以搜寻。就与大脑中的记忆相似。记忆还多一个自动选择功能,你最想保存的,在最上面。

那么,就给王寄生看一本连环的扇面画,看他父母过去的故事。故事在扇面中展现,更像一个过去的梦境——

王桂庵是大名府的世家子弟。有一次,他到南方去,泊舟江岸,看见邻舟上有一个船家女儿,坐在船头绣花,风姿

王桂庵是大名府的世家子弟。有一次,他到南方游玩,停船在江岸,见邻船有一船家女儿坐在船头绣花,长得非常美丽。
《王桂庵》,蒲松龄原著,舒瑛改编,聂秀公绘画,江苏美术出版社,1984年。

王桂庵只好到岸边拾回来。他又取出一只金钏,投掷过去。金钏落在女郎脚边。女郎一心绣花,看也不看金钏。

扇面上的梦境　　253

撑船的人解下缆绳,开船往下游去了。王桂庵眼看女郎不见了,十分失望。

秀丽。他偷偷看了她许久,她一点也没发觉,怎样让她发觉呢?他就念了一句诗:"洛阳女儿对门居。"她听见了,只略略偏头看他一眼,依旧低头绣花。王桂庵当时还很年轻,他被这一眼激动了,不知下一步该怎么表示,就拿出一枚金锭,向这船家姑娘扔过去,打在她衣服上。你丢金子给她是什么意思呢?这完全错了,年轻人。姑娘随手把它扔了,不是扔回给他,而是一扔扔到岸上去了。王桂庵只好去捡,捡回金锭,又取出一枚金钏投掷过去,落在她脚边。金钏总算比金锭强,算个信物一类的东西,可是姑娘看都不看。这时,她船上的人回来了,可能是她父亲,或亲戚,王桂庵很紧张,女孩儿却不露声色地用裙摆盖住了金钏。他们的船开了，王桂庵才后悔起来，刚才怎么不托人过船去提亲呢？好歹，也能打听个姓名。现在问不到了，开船急追，江上往来的船太多，已不见伊人影踪。无奈，只好继续往南，办完事情回程，再沿江细访，毫无消息。在古代，寻找一个人是一件很困难的事，尤其萍水相逢的情况，之后要找，如大海捞针，除非天意眷顾，缘分所系。十年修来同船渡，百年修得共枕眠。不比现在，要找任何一个人，都找得到，搜索，无所不能。这种无限度，其实很让人担心。不是说一点最微小的愿望都要无节制地实现的。

那，怎么证明有缘呢？王桂庵朝思暮想，寝食皆萦念，这大概就是了吧。一年以后，他又到南方来，雇了一条船停在江边，以船为家，每天注视着过往船只。他就这样过了半年，往来的船帆、舟楫，都给他看熟了，却始终没找到他念念不忘的佳人。他带的钱用光了，只好回去，回到家还是想。——小伙子，你这样地想她，那你是跟她有缘了。

有一天，王桂庵做了一个梦。梦里不知身在梦中，他来到一个江边的小村，走过数家门户，看到一户人家的院子里有一棵夜合花树，满树垂着红丝，他想到一首诗："钱塘江上是奴家……门前一树马缨花。"他走进去，院内竹篱，整整齐齐，前面三间北房，都关着门，南面有一间房，外面种的芭蕉叶掩蔽了窗户，窗上挑出一竿衣架，晾着一件裙子——这是女子的闺房。他正要退出，里面有人觉察了，出来看，正是船上那个姑娘！王桂庵喜出望外，说："想不到还有见你的一天啊！"恰在此时，她父亲回来了。他倏然惊醒，原来是梦。这个梦太真切了，历历在目，他珍爱极了，秘密地藏着它，决不告诉一个人，免得说破了它。年轻的男孩子，慎重的爱使他稳妥了，晓得了说破不灵的道理。即使仍然不灵，至少他还拥有这个梦，它只属于他一个人。

又过了一年多，他到镇江去访友。骑着马，不知不觉走错了路，走进一个小江村。村中的景色，他觉得好像在哪里见过，经过一户人家，门里有一棵马缨花。他惊异极了，下马入内，一样的房屋，一样的竹篱笆。他不再疑虑，直接绕到南面屋前——那姑娘果然在那里。她在他的梦里等他。她就是他的梦境，等他这一回真的走进来。

"哪里来的男子？"

"你不记得那个投金钏的人了吗？"

她记得。他的金钏，她一直留着，想他若是真正钟情，会来找到她。这个分寸，是对的，没有名字没有地址，他找来了，那就是有缘。为此她也回绝了好几家求亲者。隔着门，他向她倾诉一切相思，包括那个梦。那么，请托媒人来吧："我姓孟，叫芸娘，父亲叫孟江篱。"

终于找到她了。相思伴着几年的苦苦寻找，过尽千帆皆

他见这路上景色,好像在什么地方见过。走过一个人家门口,见里面有一棵马缨花,和他梦中见到的一样。他惊异极了,下马闯入门内。

但里面的人已发觉了,马上有人跑出来看看是什么人。哪知出来的人,正是船上遇见的那个女郎。

女郎隔着门询问他的家世,王桂庵讲了之后,女郎又问:"既是官宦子弟,家中自然已有妻室,要我干什么?"王桂庵说:"如果不是为了寻找你,当然早已娶亲了。"

在徐家赴宴之后,王桂庵匆匆又赶到孟家拜访孟江蓠。他拜见了老人,说明来意,取出白银一百两为聘金。老人推说女儿刚刚已许配了人家。王桂庵听了,失魂落魄地走回寓所。

不是,他从一个少年,变成了早该婚娶的青年。求婚,略有波折,终成眷属。在芸娘跟王桂庵回家的船上,两人把前后所有的曲折心事都挑明说尽了:你当时是怎么想的?你后来又为什么那样呢?……新婚太快乐了吧,事情太圆满了吧。此时,千不该万不该,王桂庵跟芸娘开了个玩笑:

"你呀是够狡猾了,可还是上了我的当啦!"——什么当?"我家中已有妻子了。现在要回家了,我不得不告诉你。"

他为什么要开这么一个玩笑?心情太好,一下子轻佻了?有些玩笑是开不得的。芸娘一听就变了脸色。默然一会,她猛地奔出舱外,跳江了。只一眨眼的工夫,只是一句话,她反应如此剧烈,根本不给他反应的机会!随他怎么失声呼喊,惊动了所有的船只,只见夜色昏朦,满江星点。人没了。捞都捞不着。王桂庵,你想了几年的新娘呢?不正要带她回家吗?……

他都不敢回家了,怕岳父来找,又在外躲了两年。这当然也是一个幼稚的举动,可即便他折返到岳父家去痛哭流涕地负荆请罪,效果也很差。没人会原谅他。两年后,他打算回家,途中遇雨,在一户人家廊下暂避。这家有个老太太,带个一岁多的孩子,孩子一看见王桂庵就要他抱。他准备走时,孩子哭起来:"爹爹走啦!"——这就是襁褓中就能认父的寄生,可以拿这幅图画给他看:"看,这是你。才一岁

成亲后,夫妻乘船回家乡。在船上讲起了过去的事,王桂庵笑着说:"你固然调皮,害我苦苦相思到处寻找,可是你也上了我的当啦!"芸娘不明白,王桂庵说:"实话说吧,我家里已有妻子啦!"

芸娘开始不信,经不住王桂庵一本正经的脸色。芸娘立刻变了脸色,沉默了一阵之后,猛地起来往外就跑,王桂庵一下没拉住她,芸娘竟跳到江里了。

王桂庵很奇怪,见这孩子长得清秀可爱,就抱过来放在膝上玩耍。老太太要抱他回去,小孩不肯去。

多,看到爹爹了。"

只小说里才有这种事:跳进江中顺水漂流,还能被人救起,开始新生活。此时从内室里走出芸娘,骂他:"负心郎!留下这个孩子,打算怎么办?"

他什么也顾不上问,首先就赌咒发誓:那天我是开玩笑!是逗你玩的!芸娘转怒为悲——跳江的记忆是惨痛的,即使被人救起,即使是误会导致。虽是个玩笑,但你没有试过,在新婚的喜悦中,乍听惊雷,在漆黑的夜空下扑向江水的怀抱。溅起了一江的星星。

那时,他们真的很年轻,需要岁月来磨折。

后来,寄生渐渐长大,他们也成了一对宠爱儿子无所不至的中年夫妇。芸娘自己当年是宁死不做妾,结果儿子阴差阳错一下娶了两个女子,她也认了。怎么办呢,时移世易。

寄生出生前后的那两年这个问题曾让她那么痛苦。

往事,渐渐淡了。从前跳江那件天大的事,偶尔提起,也不怎么牵扯着痛了。

"唉,死老头子。"她可能这么说一句。

2013 年 8 月 3 — 4 日

# 人间女子

评剧《花为媒》是从《聊斋》取材的,取自《寄生》一篇,做了改动,将两女共事一夫的结尾改作两女各得其所,两对新人一齐成礼,皆大欢喜。理论上讲,两名女子在戏中的分量应大体相若,结果这出戏分明向张五可——也就是新凤霞——严重倾斜,这出戏完全成了捧她的。其实扮演另位女子的女演员也非常美丽,她俩站在一起,并不失衡,也难怪她俩互相赞赏。五可舍得夸别人,更舍得夸自己。她在花园里遇见贾俊英,以为是贬低过她的王俊卿,上前质问。她这段唱词可是个漂亮:

今日里在花园我们见了面
我让你仔仔细细把花瞧
你看看合欢树　再看看含羞草
你看看藤萝绕架　再看看柳弯腰

你看看兰花如指　芙蓉如面

看一看我这满园的花开美又娇

走一步风展翅　走两步彩云飘

五可我走了一个连环步

钗环响亮声音高

可笑你小小的书生为花颠倒

意悬悬眼灼灼魄散魂消

——这段唱词，是不是吴祖光写的呀？吴祖光才华横溢，写了多部剧作。但他更大的历史使命，是培养了他的妻子新凤霞。

新凤霞认识吴祖光的时候已经名气极大，《刘巧儿》拍成电影后，全国各地的观众写给她的信要用麻袋装。她十四岁登台，一下就唱红了天津，又红遍了北京，二十岁力排众议开山立派，"评剧皇后"的美誉不胫而走。有的人，从很早就能看出会成大器。一个身世不明，不知生身父母，不晓生辰年月的女孩，你一看她就知道了 ── 她那种美！是国色的级别，又具备一种出污泥不染的高洁特质，这样的人，怎么也不会埋没在贫民窟里，尽管她就在那个地方长大。幼时，她与同伴听一位弹弦子的老艺人讲古说书，他教他们"男学关云长，女学王宝钏"。王宝钏，权贵之女，违抗父命

俊卿只喜月娥娇,听说五可把头摇,生来未见张家女,说她貌丑不苗条。五可闻信心好恼,可恨俊卿将我嘲,面对菱花仔细照,好像仙女下九霄。

嫁给穷书生薛平贵,苦守寒窑一十八年。凤霞——那时候她还叫小凤,她听进了,她学得了。过了时的封建道德,其中仍有不可替代的精华与优美,一颗纯洁忠实的心,会把它吸取。然后她学戏,传统戏曲中大量存在着的美丽品格,更是供她濡染、汲取。

再回过头来,看看《寄生》里的张五可原型。

大户张家,所生五女皆美,最幼者五可是最美的一个,只剩下她还待字闺中。从这个格局可以想象她有多受宠,多娇纵——最美的是她,姐姐们都出嫁了,父母的爱现在悉数都给她,她要啥给啥。清明上坟,她在车中窥见了少年寄生,回来就告诉了母亲。这含义很明显:我想嫁给这个人!母亲知道她的意思了,托媒人去说。女求男,其实很困难,并非"隔层纸、一捅即穿"这种道理。女追男,百分之九十以上的情形是越追越追不上,因为百分之九十以上的男子都抱有凡夫俗见:她看上我啦?顿感得意,生出轻慢之心。五可就吃了这亏,何况当时寄生心有所属,正苦恋着他的表姐而生着相思病,故而,随媒人怎么极尽形容五可之美,他说"医不对症",面壁不听。五可怎么办?她不知凭什么,走进他的梦中,让他看看自己——他恍惚听见婢女说"你思念的人来啦",跑出一看,不是表姐,却是个神仙一样的丽人:"妾,五可也。"他醒了过来。回想她的音容笑貌,假如五可真是这般,那又何必要执着于求不到的表姐。五可究竟是不是这样子的呢?他托邻家妇人帮忙去看看。邻妇到了张家,见五可正病在床上,"靠枕支颐,婀娜之态,倾绝一世"。问她生什么病?她母亲代答:跟爹娘怄气呢!多少人来求婚都不愿,非要像王家寄生那样的才肯!寄生得了这话,大喜,但还想亲自看看,就请了张家先前托的媒人

五可闷坐在闺中，阮妈劝她下楼庭，小姐无心观花景，媒婆有意牵红绳。五可隔墙见人影，猜想定是王俊卿。我把阮妈先支走，借花泄愤向书生。

来，请她设计安排，趁五可出到院里散步的时候，他躲在门缝外面张看。他看见了——婢女扶着她，慢慢地走，离他很近时，媒人指着一棵树跟她讲话，使她停下来，让他看个清楚。她果然和他梦中所见的一样！就是这样的美丽，连衣服、鞋子都分毫不差，他仿佛再度入梦，喜颤不能自持。马上赶回家，告父母，托媒去——可答复竟是，五可刚刚许

王家去娶张五可，花轿抬来李月娥，俊卿一见称心愿，满面春风驱病魔。夫妻双双拜天地，并蒂莲花结丝罗，洞房同饮合欢酒，唠不尽的知心嗑。

给别家了，哈！让他悔闷欲死吧！谁让你先前自得，傲慢地拒绝她的？你为表姐生过病，也该为她生一场病，不然骄傲的五可到底意难平哪！

寄生真病了，真哭了。这一病一哭，婚事成了。五可本是出这个险招逗他的，把他拿捏紧，使他彻底忘掉表姐。可是他表姐没忘掉他哪！她也在家害相思病，得知他与张家订婚，几欲自尽，于是她母亲设计，瞒着她古板的父亲，在寄生迎娶之日，抢先把女儿送上花轿抬到王家，红布盖头拜了天地。入了洞房才知，新娘是表姐！这一下王家慌作一团，可不敢到张家迎娶了，这边厢张家已打扮好了的五可怎么办？表姐家狠哪，连她的起先坚决反对姑表通婚的父亲见事已至此，也反过来表态支持；奈何五可更狠，对她盛怒的父亲说，仍然把花轿抬了去！她一个女孩儿家，打扮得齐齐整整坐花轿闯进洞房去，把难题依然还给王家，看他们如何说话！管他羞人不羞人，礼数不礼数，寄生是我的！我还有媒有证，你有么？

局面太难，寄生踉蹊于两个房门之间，哪个也不敢进了。蒲松龄写到这里也没了办法，就让他双纳二女，以长幼为序，让五可称表姐为"姊"。她居然肯了，因为她看见表姐也实在美丽。这，当然是个不合理的结局，所以要改。那么掐尖儿要强的张五可，让她作妾，与人平分一个男人？

后来五可才告诉寄生，他在偷看她的时候，她是知道的。装作不知，故意停脚，让他看。她这般美貌，只要他看了，她一定赢，稳操胜券。托辞已许人也是故意，要他还账。五可富有心计，有勇有谋，《花为媒》里的那个五可，心计不及她，她的赢全凭了她那所向披靡的美貌——新凤霞，国色也。

月娥洞房做新人,五可花轿才到门,闹得宾客齐发愣,你言我语乱纷纷。阮妈门外忙拦挡,姑娘轿内早听真,不用人搀走下轿,掀开盖头闯进门。

新凤霞看上了吴祖光。她跟人说,要找一个这样的人:他得会写文章,还会写剧本,又是电影导演。这个人既要是她的丈夫,又是她的师长,不许有架子,还有,"年龄必须三十四岁"。这个人是谁?好像除了吴祖光,别人都知道了。吴祖光来采访她。她说:"我演的《刘巧儿》,您看了吧?"他说:"看过,真好。"她说:"前门大街上,到处都在放巧儿唱的'因此上我偷偷地就爱上他……这一回我可要自己找婆家……'"——演员的生活,真是富有戏剧性,她在剧中的场景成为她生活的背景,无限放大、拔高,烘云托月,多么有效果。可是,他没听懂。他说:"配合宣传婚姻法,这出戏最受欢迎。"这是什么回答!她没办法了,只好说:"我想跟你……说句话……"

"说吧?"

"我想跟你结婚,你愿意不愿意?"

他霍地站了起来。停了一会儿,说:"我得考虑考虑。"

她伤了。自言自语地说:"我真没有想到,这像一盆冷水从头上倒下来呀。"

"我得向你一生负责。"他说。

他真的向她一生负责了:她嫁给他的时候,还是半文盲,后来却写了四百万字的书。他教她认字,指导她看书,安排下一间书房,放好让她看的书。他带她逛书店、看足球,让她与他认识的各个领域的艺术家交往,包括后来教她画画的齐白石。1957年,他被打成反革命了,上头逼她与他离婚,她答:"王宝钏等薛平贵十八年,我要等他二十八年!"从此她被残酷批斗、打骂、关押、劳改,被赶下舞台,被折磨致残,再不能上台唱戏。其后,她就靠写文章、画画活下去。她的文章,非但不是她丈夫代笔的,她甚至比

《花为媒》，中国年画连环画精品丛书，冯国琳绘画，辽宁美术出版社，1980年（年画版），《连环画收藏》2006年新1版。

他写得更好看。是吴祖光造就了一个新的新凤霞，一个更上一个层次的新凤霞。

电影《花为媒》里，五可的多情、自恋、勇敢，真是可爱极了。媒人对王俊卿盛赞她"心又灵，手又巧，貌美多才，身段又苗条"，被别有怀抱的王信口歪曲为"心不灵手不巧貌丑无才身段不苗条"，她听了媒婆转述，大为不忿。她对镜自照，觉得自己实在是好，忍不住自夸起来，将自己的美丽极尽形容。唱完了一大段，加上一句总结："我怎么长得这么好看哪！嗬嗬……"笑容可掬。这句话，是只有新凤霞说得，归她！新派弟子，长得再漂亮，再学她学得像，没奈这句话何，一说就是东施效颦。绝了版了，世上哪儿还有第二个新凤霞？

天上的神都是人做的，所有的天使都曾经在人间。

2013 年 4 月 19 — 20 日

# 附录　本书插图资料一览

（以书中出现先后为序）

《画皮》，程十发绘，上海人民美术出版社，1956年3月第1版。
《画皮》，项维仁绘，山东人民出版社，1980年7月第1版。
《王者》，王弘力绘，选自《王弘力绘聊斋三则珍藏本》，东方出版社，1999年4月第1版。
《宦娘》，叶毓中绘，天津人民美术出版社，1981年5月第1版。
《阿宝》，张玮绘，天津人民美术出版社，1980年9月第1版。
《胭脂》，戴仁绘，天津人民美术出版社，1980年2月第1版。
《刁梨贩》，杨青华绘，上海人民美术出版社，1955年9月第1版。
《青凤》，李世南绘，人民美术出版社，1981年3月第1版。
《小翠》，赵绪成绘，江苏美术出版社，1984年第1版。
《娇娜》，张令涛、胡若佛绘，天津人民美术出版社，1980年2月第1版。
《江城》，贺成绘，江苏美术出版社，1984年1月第1版。
《细柳》，谌孝安、施大畏绘，天津人民美术出版社，1982年6月第1版。
《仇大娘》，项维仁绘，选自《项维仁古典人物新作选》，天津杨柳青画社，2013年3月第1版。
《石清虚》，林锴绘，人民美术出版社，1982年2月第1版。
《白秋练》，叶毓中绘，人民美术出版社，1981年12月第1版。

《白秋练》，颜梅华绘，天津人民美术出版社，1979年12月第1版。

《竹青》，罗希贤、钱自成绘，天津人民美术出版社，1981年1月第1版。

《唯有牡丹真国色》（局部），项维仁绘，选自《项维仁古典人物新作选》，天津杨柳青画社，2013年3月第1版。

《瑞云》，陈惠冠绘，天津人民美术出版社，1982年1月第1版。

《续黄粱》，刘锡朋、李法明、阎茂如绘，天津人民美术出版社，1983年6月第1版。

《田七郎》，水天宏绘，上海人民美术出版社，1956年1月第1版。

《王桂庵》，聂秀公绘，江苏美术出版社，1984年1月第1版。

《花为媒》，冯国琳绘，辽宁美术出版社，1980年8月初版（年画）；《连环画收藏》，2006年8月新1版。